UN CERCLE DE LECTEURS AUTOUR D'UNE POÊLÉE DE CHÂTAIGNES

DU MÊME AUTEUR

GENÈSE DE L'AMOUR

1. LES FABLES DE L'ENFANCE

Le Cœur dans sa gousse (Robert Laffont, La Renaissance du Livre)
Julienne et la Rivière (Robert Laffont, La Renaissance du Livre)
Blaise Menil mains-de-menthe (Robert Laffont, Espace Nord, La Renaissance du Livre)
Nicolas Gayoûle (Robert Laffont)
Les Gestes du commencement (Robert Laffont)

2. L'AMOUR AU NATUREL

L'Amour au jardin (Phébus, Libretto)
L'Amour en eaux dormantes (Julliard)
L'Amour en forêt (Julliard, Pocket)
La Sexualité d'un plateau de fruits de mer (Julliard, Pocket, Le Grand Livre du mois)
La Sexualité domestique (Julliard)
Amours en vol (Julliard)
L'Épopée amoureuse du papillon (Julliard)
Les Amours de Sailor le chien (Julliard)
La Vie amoureuse des fleurs dont on fait les parfums (Julliard)

(suite en fin de volume)

Pour Myette et Minna,

Deux sphères qui ne se touchent
qu'en un point, le point par lequel
elles jouissent l'une de l'autre.

J. C. Powys

C'est, à mes dix-huit ans, l'événement d'un coup de foudre («... la moitié de mon âme, reconnue avant même que de la connaître»), me restant mystérieux et continuant de résonner en moi, qui m'a sans doute porté à réunir tous mes ouvrages sous le titre générique d'une *Genèse de l'amour*, la genèse étant à la fois l'origine et l'ensemble des formes et des éléments qui ont contribué à produire telle chose.

Je suis parti des fables de l'enfance pour assister ensuite à la naissance du désir amoureux dans les mythes de création du cercle arctique à l'Océanie, rapporter les rites amoureux du monde animal et végétal, inventer des concepts d'ouverture, et développer le discours amoureux à partir de mon propre vécu et de mes rencontres quand «c'est seulement dans l'effacement de soi que l'on peut, par empathie, percevoir la réalité de l'autre».

Pour que mon travail constitue un ensemble où se produisent toutes sortes de relations et de correspondances, il y manque une sixième et dernière partie, *L'Amour, une affaire française*, qui revisitera, sous une forme romanesque, les textes premiers de la littérature qui nous fonde.

Les ouvrages s'ajoutent les uns aux autres avant que l'on puisse éprouver et comprendre ce que signifie leur somme. Et peut-être, comme l'a suggéré un critique, tout cela constitue-t-il en définitive un autoportrait, un moi multiple, composite, formé de figures différentes, souvent disparates et s'écartant toutes des règles ordinaires. C'est le mélange, la variété, le singulier et le pluriel : Arlequin et son manteau, Arcimboldo et ses tableaux, quand les autres sont d'autres facettes de nous-mêmes et que nous nous retrouvons par échos en chacun de ceux-là que nous aurions pu être, de ces autres vies que nous aurions voulu vivre. Voilà mon aventure, avec ses audaces, ses désirs et ses défauts, avec appétit mais sans ambition personnelle, au bénéfice du plaisir d'exister.

J.-P. O.

« Bien sûr, lorsque l'on introduit des oiseaux sur une page, on doit toujours s'attendre à ce qu'ils se retrouvent dans un livre qu'on n'aurait pas lu. C'est là le risque avec les oiseaux. Et quand on prêterait le livre à quelqu'un, il se pourrait fort bien qu'à cette même page, ils n'y soient plus. »

Carlot l'Escargotique, *Écrits anciens*

1

Au cours d'un cocktail

C'était à un cocktail où je n'aurais pas dû aller, où je n'avais pas vraiment envie d'aller, ni poussé par la curiosité ni porté par un désœuvrement (je ne suis pas coutumier de l'ennui), mais cette fin d'après-midi-là, à mon insu, la main dérobée du hasard avait ménagé pour moi une rencontre en croisant certains fils sur le réseau des affinités électives, et je m'étais laissé entraîner.

Une foule en bel habit, bruyante, se pressait autour des tables où l'on servait le champagne et le kir, tout en enfournant des amuse-gueules et en devisant avec aisance sur des sujets futiles. Égaré dans le nombre sans faire partie du nombre, sans reconnaître rien ni personne, je me demandais ce que j'étais venu foutre là, lorsque quelqu'un m'avait interpellé :

— Vous êtes Jean-Pierre Otte, n'est-ce pas?

Me tournant de côté, je découvris un personnage mince et gracile, de si peu de poids qu'un coup de vent d'autan aurait pu l'emporter. Il offrait un visage fascinant, de conciliation et d'ouverture, les traits doux comme émoussés ou burinés, avec cette même humanité qui émane de l'acteur Morgan Freeman. Assurément – ce fut ma première impression – un de ces êtres fluides capables de se jouer de toutes les serrures et même, en empruntant l'aspect d'un chameau, de passer par le chas d'une aiguille. Il était philosophe d'origine tunisienne, cultivait ses idées et créait ses concepts sur le divan Orient-Occident ; il se nommait Mehdi Mansour, et il allait devenir l'un de mes proches amis.

Dès que Mehdi se mit à parler, le monde autour de nous commença à se brouiller insensiblement et à se fondre dans le flou. Le brouhaha devenait une rumeur de mer au loin. J'eus l'impression d'être enlevé sur un tapis volant pour me retrouver bientôt avec lui en plein désert, sous un arbre à palabres, dans le partage d'une ombre fraîche, lui discourant et moi l'écoutant en bon auditeur, alors que, apparemment, nous étions toujours au milieu du cocktail.

Sous un air amusé, qui est l'air qu'il adopte le plus souvent, Mehdi me parla du cercle de lecteurs qu'ils avaient créé à Lespinas, un hameau dans le haut Quercy, en bordure du Cantal, lequel figurait pour lui comme pour moi l'un des derniers camps de la consanguinité quand partout ailleurs en France on cédait enfin au métissage et à la variété culturelle.

Lespinas, c'était un domaine de famille, qui appartenait pour moitié à son épouse Maylis et avait été acheté au XIXe siècle à un notaire de campagne – il restait une fenêtre grillagée et à barreaux pour témoigner de l'étude où ledit notaire gardait ses pièces d'or, ses titres et ses actes –, dont ils avaient fait un lieu de rencontres, dans la salle de séjour où il n'y avait plus guère de meubles, seulement des armoires murales, une longue table et des bancs à rapprocher de l'âtre, en ayant alors la figure éclairée par la sarabande des flammes.

Dans ce cercle, qui réunissait une quinzaine de membres, on échangeait des livres, des avis sur ces livres, on partageait ses expériences livresques et récitait à l'occasion certains extraits marquants à voix haute. Il s'y disait, semble-t-il, des choses considérables. Le présent s'esquivait à l'instant même où ils le vivaient et, au gré des lectures diverses et variées, ils étaient emportés dans des paysages inconnus, lancés dans des explorations tant au-dehors qu'au-dedans, occupés à démêler des intrigues ou à partager des passions.

— Par instants, poursuivait Mehdi, des personnages romanesques traversent les murs et viennent pour un temps s'ajouter au cercle, certaines héroïnes même qui se sont données au plus offrant ou qui, au contraire, se sont refusées avec la sévérité d'une princesse de Clèves, quand soudain des idées, lancées comme des fusées éclairantes dans la nuit noire, interpellent tout le monde. On discute, on débat, on ferraille, pour parfois se contredire – mais se contredire, c'est en réalité être au cœur des choses. Ensuite on repart à l'aventure, sur la portée d'un poème, à la faveur d'une intrigue nouvelle ou d'une philosophie. Certains passages laissent tour à tour interdit, stupéfait, exalté – ou frustré, quand un auteur n'a cru bon de développer davantage une action, d'approfondir un contour psychologique ou d'expliciter sa pensée.

Mehdi ajouta qu'ils avaient une préférence pour les ouvrages qui ouvrent sur le monde en même temps que sur le monde particulier que chacun porte comme un cabinet d'amateur sous la peau – une exigence étonnante et rare à l'heure de la mêlée mimétique et du clonage intérieur des foules.

Dans le prolongement de son épaule, je remarquai incidemment, au milieu du cocktail, une femme de la cinquantaine qui semblait sortir fâcheusement d'une série américaine, de *Dallas* ou de *Dynastie.* Les cheveux auburn assez roux tombant en broussaille, gonflés, aérés par une mise en plis travaillée mèche par mèche et développée en boucles et en volutes, lui conféraient un air de liberté, d'aise, de désinvolture insolente, tout en restant figés tel un casque laqué.

Parmi les livres qu'ils échangeaient dans le cercle, Mehdi citait : *Journal de voyage d'un philosophe* de Hermann de Keyserling, *La Danse sur le feu et l'eau* d'Élie Faure, *L'Éthique* de Spinoza, *La Haute Route* de Chappaz, le *Traité de la marche en plaine* de Gustave Roud, *La Sagesse et la Destinée* de Maeterlinck, *Les Pourparlers* de Deleuze, les *Inconférences* de E. E. Cummings...

Derrière lui, Dallas, sur un ton sonnant haut et clair, s'adressait au serveur : « Vous avez du champagne rose, au moins? Moi, je ne bois que du champagne rose... », pour ensuite se retourner vers les femmes qui l'entouraient et leur avouer combien elle adorait les Persol, le dernier livre de Le Clézio, le deux-pièces bandeau façon Kate Moss et les escarpins Astier bien décolletés sur les orteils, pendant que Mehdi poursuivait son énumération livresque, comme s'il portait toute sa bibliothèque entre les tempes et en parcourait virtuellement les rayons :

— ... *Les Fainéants dans la vallée fertile, Le Jeu des perles de verre, Le Sanatorium au croque-mort, La Balade du Grand Macabre, Le Sentiment tragique de la vie, Le Gai Savoir, Les Possédés, Le Chant des lacs et des rivières, Le Neveu de Wittgenstein, Loin de la foule déchaînée, Les Enchantements de Glastonbury, La Verge d'Aaron...*

On voit que le cercle était assez orienté et quand Mehdi me cita quelques-uns de leurs écrivains favoris, je fus assez surpris d'y compter beaucoup des miens.

Où voulait-il en venir? Quelle idée ou quelle perspective avait-il derrière la tête, à présent qu'il me précisait (pour me convaincre de quoi?) que leurs séances se passaient en toute convivialité, sans airs empruntés, et que tous les membres du cercle en étaient tour à tour le centre? Je comprenais ou croyais comprendre à son ton enjôleur qu'il cherchait à m'appâter, et même à me ferrer assez subtilement comme un pêcheur émérite le ferait d'un poisson.

Puisqu'ils avaient un écrivain à proximité, pour ainsi dire sous la main, et que certains membres du cercle avaient lu un ou plusieurs livres de moi, il voulait m'inviter à leur prochaine séance. Ce serait la première fois qu'ils recevraient un écrivain, et «peut-être aussi la dernière, compléta Mehdi en riant, si l'expérience s'avérait fâcheuse».

J'acceptai. À vrai dire, je m'entendis dire que j'acceptais l'invitation, devancé par je ne sais quelle curiosité ou quel emballement spontané, tant Mehdi avait réussi à m'ensorceler par ses propos. Rendez-vous fut pris pour le dernier dimanche du mois. Il me traça rapidement un itinéraire sur une page d'agenda, et il allait me saluer et s'éclipser aussi soudainement qu'il m'était apparu lorsqu'il se produisit un incident incroyable.

Dallas, tenant d'une main sa flûte de champagne rose et de l'autre voulant s'emparer d'un petit-four, laissa choir son sac Dior, et se baissa pour le récupérer à l'instant même où Mehdi se retournait. Elle se prit la crinière dans la fermeture Éclair de la braguette de celui-ci, une mèche coincée dans les dents de la glissière. Comment une telle chose avait-elle pu se produire? C'était abstrus, incompréhensible, sans doute même inexplicable, comme les jeux mêmes, parfois pervers, de la vie. Dallas voulut se relever et poussa un cri de héron (je connais fort bien le cri du héron à l'instant des pariades). Tentant de se libérer, elle remuait les épaulettes qui lui conféraient une carrure d'athlète; sa robe blousante s'échappait de la grosse ceinture fort voyante qui la serrait à la taille, tandis que ses bracelets et colliers tintinnabulaient à la ronde. Elle perdit aussitôt toute contenance, tandis que Mehdi s'efforçait de se dégager, portait les doigts à sa braguette, elle l'en empêchant, hurlant : «Ah non, c'est moi qui le fais!... Vous aller m'amputer méchamment d'une mèche...» Elle tritura la fermeture en tous sens, sans succès. Une femme de l'assemblée sortit alors de sa sacoche une petite paire de ciseaux. Dallas, l'apercevant, cria encore dans la tonalité du héron : «Je vous interdis de...!» Trop tard. Le coup de ciseaux avait été porté. Mehdi s'esquiva aussitôt vers les toilettes pour se libérer, à l'abri des regards, de la boule de poils restée accrochée comme un petit trophée de chasse dérisoire. Quand il réapparut et revint vers moi, je lui demandai en riant comment il avait vécu cette expérience, et il me cita ce proverbe arabe :

«Si ce que tu as à dire n'est pas plus beau que le silence, alors tais-toi.»

2

Autour d'une poêlée de châtaignes

Le dernier dimanche du mois, je partis de bonne heure. Tant qu'à me rendre dans une partie du pays où je n'avais jamais mis les pieds, m'aventurer en véritable *terra incognita,* autant en profiter pour y aller par lents détours, en vagabondant comme le lièvre de la fable à travers les villages et les champs. Il faisait un temps splendide, avec de brusques coups de vent qui emportaient les oiseaux et faisaient scintiller le feuillage roussâtre des hauts peupliers dans les vallées.

Au-delà de Figeac, le paysage changeait du tout au tout. On quittait le calcaire des causses pour entrer dans le pays du schiste, de la bruyère déjà brûlée par les premiers gels, et de la fougère osmonde toutes frondes déroulées. Le relief s'accentuait dans une alternance de monts et de vaux, de prairies en pente qui étaient presque des alpages et de forêts de châtaigniers où l'on trouvait sans doute le cèpe et la girolle. Les derniers grands ensoleillements de l'automne faisaient flamboyer les feuillages dans des ors et des rouge sang. J'aperçus dans un pré un renard qui me regarda passer sans broncher, avec, me sembla-t-il, un air amusé ou goguenard, comme mis au parfum, averti du rendez-vous de 18 heures vers lequel je me hâtais à présent, rattrapé par le temps.

Lespinas était assez tel que Mehdi me l'avait décrit. Les mots trouvaient leur juste mesure, leur matière, leurs murs, leurs pierres d'angle et leurs fenêtres étroites, la fissilité du schiste et la figure tronquée des cheminées, mais il avait omis de me parler des granges, des gerbiers, d'un bûcher et d'une maisonnette de métayers en surplomb de la maison principale fortifiée par des contreforts, vers laquelle je descendis en remarquant au passage la fenêtre à barreaux du notaire d'autrefois.

Tous les membres du cercle étaient déjà là, chacun dans un affairement particulier. Il régnait un joyeux remue-ménage dans la salle de séjour éclairée surtout par la clarté du feu sous le manteau de cheminée. Certains revenaient d'avoir été récolter des châtaignes, que d'autres incisaient d'une coupure nette ou de deux traits croisés. Maylis frottait à la paille de fer une poêle à trous tandis que Mehdi tisonnait les braises, y levait des flammèches et des giclées d'étincelles. Des hommes rapprochaient les bancs de l'âtre, des femmes disposaient des verres et des bouteilles de divers vins de pays sur une table de côté. Les uns et les autres me saluaient, comme si on me connaissait ou me reconnaissait de toujours, sans faire davantage attention à moi, ce qui m'arrangeait et me permettait de détailler à loisir cette étrange confrérie. Un cercle d'une belle camaraderie, qui prenait l'aspect d'une cérémonie clandestine mêlant tous les âges, parmi lesquels Jean-René, un avocat que j'avais déjà aperçu à des soirées littéraires, Victor, un passionné du jardinage, Maylis dont je découvrais la fascinante finesse de traits, deux retraités, Robert et Bertrand, liés comme Dupond et Dupont, Éliane, une bibliothécaire alerte, et Bella, une jeune femme mince et flexueuse, telle une véritable fille-liane dont on peut augurer de subtils enlacements, sans oublier un petit bonhomme rondouillard, assez timoré et empêtré dans ses gestes, qui avait pour surnom Popaul.

Tous s'assirent, et Mehdi m'indiqua une place restée libre. Un grand silence se fit presque aussitôt, comme après le retrait d'un ressac, ce qui donnait à chacun l'occasion de se réunir à part soi, tout en s'agitant encore sur les bancs pour trouver une position plus ou moins confortable.

— Pour résumer nos propos de la séance précédente, dit Maylis, il s'avère souvent que c'est lorsqu'un ouvrage nous a plu outre mesure qu'il faut ensuite le redécouvrir dans ses plis et ses replis, et surprendre sans cesse des choses qu'on n'avait pas remarquées à la première lecture. En fait, c'est quand on a trouvé un livre qui nous correspond et nous bouscule de l'intérieur, qu'on le cherche le plus.

« Mais ce qui est particulièrement exaltant, ajouta-t-elle, c'est que chacun va trouver dans le même livre un livre différent, comme si tout jouait à travers les angles taillés d'un cristal de Bohême, un corps à facettes ou un jeu de lentilles tantôt concaves et tantôt convexes : chacun le recrée diversement selon ses prismes personnels. Bella nous avait fait remarquer en outre qu'un livre qui nous importe ne nous introduit pas dans un univers parallèle, mais bien au cœur de la réalité une et multiple du monde, dans la réception sensible que nous pouvons en avoir.

Je fus assez stupéfait par le ton donné d'emblée à la séance, mais déjà, Maylis et Mehdi – d'abord eux puis d'autres qui allaient les relayer au cours de la soirée – commencèrent à griller des châtaignes dans la grande poêle à trous, en la portant et la remuant de temps à autre au-dessus des braises. Lorsque l'écorce brillante, comme cirée et d'un brun-ébène, se ternissait et s'écartait à l'endroit de la coupure, en faisant voir dedans comme un petit crâne moelleux, c'était alors le signe que les châtaignes étaient rôties à point. Un fumet s'en dégageait, une odeur brune, obscurément chaude, sourdement envoûtante et à nulle autre pareille, que chacun pouvait reconnaître entre mille pour l'avoir respirée sans plus jamais l'oublier sur les boulevards des villes en hiver. Cette odeur-là entraînait toute l'assemblée dans son sillage et semblait la circonscrire plus encore à l'intérieur du cercle.

Mehdi lança le débat sur le thème de la « présence au monde et du plaisir d'exister », signe sous lequel tous mes livres semblaient s'inscrire et évoluer ; il invita l'assemblée à me poser des questions, promenant son regard de-ci de-là pour rencontrer celui qui se déciderait en premier. Comme personne ne s'y résolvait, il improvisa alors une sorte de dissertation, riche et dense, qui pouvait paraître confuse mais qui était sans doute bien cohérente dans son esprit. Pour lui, le plaisir d'exister était dans une délivrance, un parfait délestage, la plénitude d'être et le plaisir de l'épanouissement. Tout simplement : être en vie dans cette vie et l'être formidablement. Il cita Spinoza, Nietzsche et Dionysos. « Philosopher, dit-il, c'est, dans une volonté d'allégresse, apprendre à vivre au mieux la vie qui nous est échue en partage quand apprendre à mourir n'est pas nécessaire, puisqu'on y réussit fort bien la première fois. »

Pendant qu'il discourait et continuait de discourir, Maylis retirait du feu la poêle à trous et répartissait la première fournée de châtaignes grillées dans plusieurs corbeilles qu'on allait se passer à la ronde. Quand l'une des corbeilles arriva à ma portée, je pris quatre ou cinq châtaignes ; elles étaient brûlantes et j'imitai tout le monde, les faisant sauter d'une main à l'autre, les roulant au creux de la paume et soufflant dessus avant de commencer à les décortiquer. Délogé de son écorce, chaque « petit crâne moelleux » était d'un goût bien accentué, réconfortant et un peu farineux, qui envoûtait sourdement les papilles. En même temps on servait des verres de vin, et tous s'adonnaient à la dégustation tout en écoutant ce qui se disait. Je trouvai que c'était là une stratégie simple et efficace pour délier les langues et favoriser les échanges d'idées et de désirs, car bientôt les premières questions fusèrent.

J'ignore tout du tact et de la diplomatie, mais j'ai tout de même quelque adresse. En pareilles circonstances, face à des lecteurs, mon habileté, c'est de les faire parler d'eux plutôt que moi parler de moi, tactiquement en leur retournant les questions : « Mais vous-même, qu'en pensez-vous ? » – « Un autre voudrait-il répondre à ma place ? » – « D'accord, mais pourquoi voulez-vous savoir cela ? » ou encore : « En quoi cela correspond-il à votre propre expérience ? » – « Avez-vous vécu des choses semblables ? » C'est toujours l'autre, par son aptitude d'accueil, sa capacité d'écoute, qui nous rend capable de ce que nous sommes, et parfois je désire être cet autre pour les autres. Sans pourtant rien calculer ni machiner. Dès lors qu'on a pris cette option, l'inspiration nous vient *naturellement*, sans qu'il soit besoin d'y réfléchir.

Éliane, à laquelle Popaul s'attacha aussitôt du regard, confia que ce que mes livres lui avaient fait voir, c'est que le bonheur est dans la gratuité alors que les plaisirs sont toujours onéreux. Le bonheur est dans les péripéties minuscules de la vie, les événements de la nature autour de nous, les simples sensations, le spectacle du monde proche et lointain, l'odeur de l'ozone répandue après l'orage, les changements de lumière, le toucher velouté d'une pêche ou la première gorgée de café le matin. Elle déplorait qu'il y eût aujourd'hui dans l'être humain toujours moins d'éveil et d'émerveillement, et davantage d'arrogance et de rapacité.

Sur un ton un peu méprisant, l'avocat de l'assemblée répliqua que ce sont les êtres simples, frustes et, pour tout dire, assez bêtes, qui sont doués pour le bonheur, alors que les plaisirs leur restent à jamais inaccessibles...

— Pour moi, dit Bella, il n'y a pas *le* plaisir mais *des* plaisirs d'exister. Des moments privilégiés. De rares et brefs instants de plénitude, hors du temps, où l'on se sent en harmonie, en accord parfait avec tout. C'est, de façon fugace, la possession émerveillée de soi. L'éphémère éprouvé dans l'éternité. Tout semble alors d'une vérité évidente, immédiate et magnifique, à tel point que l'on peut même se dire que « Dieu existe ». Ce qui n'est vraiment pas le cas autrement.

— Il y a aussi, compléta Maylis, le plaisir d'être en mouvement dans le mouvement du monde, de se sentir soi-même en expansion dans un univers lui-même en expansion, débordant sans cesse ses propres limites. Ou alors, tout au contraire, de rester immobile, comme dans un arrêt sur image, où l'instant prend la mesure de l'éternité.

Elle retira du feu une nouvelle poêlée de châtaignes. Les corbeilles circulaient à nouveau dans le cercle. On resservit du vin. Les reflets du feu faisaient une moucheture dorée sur la courbure des verres. Dans un simple rituel, chacun se remettait à décortiquer ; de nouvelles idées se démêlaient à la faveur de ces gestes-là.

Les Dupont-Dupond parlèrent de leur passion pour la pêche. Le plaisir d'être dans les herbes de la berge, sans ambiguïté, le regard rivé à ce point d'interstice où la ligne disparaît sous le miroir des eaux. On lance et relance la ligne pour ramener parfois en surface, dans un froufrou d'écume, comme un morceau de tulle qui l'habille, une truite qui s'agite à grands coups vifs.

L'un et l'autre, se relayant, distinguaient dans la vie deux espèces : les aigris et les joyeux. Le malheur des aigris, c'est de se dépiter de ce qu'ils n'ont pas et de ce qui n'arrive qu'aux autres, et le bonheur des joyeux, de découvrir sans fin ce qu'ils ont et ce qu'ils sont, en définitive de jouir sans frein d'eux-mêmes.

— « Je jouis de moi », surenchérit Mehdi, rappelant le mot de Jean-Jacques Rousseau, lequel prônait une philosophie de la solitude où l'on est son propre complice, dans un compagnonnage incessant avec soi-même, un partage de tous les instants. Certains livres, enchaîna Mehdi, sont d'une telle fertilité que lorsqu'on y plonge la tête la première, ils remplissent le vide, délivrent, détruisent insensiblement toute impression d'isolement. On se croyait séparé de tout, en rade, laissé pour compte, et on se retrouve réuni, accordé à tout, au diapason même de l'univers. C'est cela, *le* plaisir par excellence.

— Pour moi, dit Victor qui n'avait encore rien dit, le plaisir – et c'est alors plus qu'un plaisir, une jubilation –, c'est de voir les forces de la nature se déchaîner en faisant fi de toutes les politiques de sécurité. Les événements cataclysmiques nous font éprouver et comprendre combien nous sommes sur une terre vivante qui ne manque pas d'états d'âme ni d'humeurs violentes : les tempêtes de neige, les fleuves qui débordent, les grandes inondations, un tsunami, une tornade au Texas, sans oublier la fonte des glaciers, même s'il est tout à fait navrant de voir un ours polaire à la dérive sur un gros glaçon qui fond sous lui à mesure...

La conversation partait dans tous les sens. On s'animait en remuant sur les bancs et en se resservant du vin. Chacun voulait avoir voix au chapitre. Tous étaient d'accord pour dire que le plaisir d'exister est d'abord dans une disposition d'esprit. Mais pour certains, on restait tributaire de tout, de ce qu'on a été, de ce que l'on est, de ce qu'on n'est pas, de ce qu'on deviendra, de son passé, de son époque, de ses humeurs, de ses chances et de ses contrariétés. Pour d'autres, il convenait, en dépit de tout, d'opter dès le départ pour le signe plus. Ils en revenaient à l'éternelle histoire du verre vide à moitié vide ou à moitié plein : de le trouver à moitié plein, cela ne change rien au contenu du monde, mais il y a le plaisir par surcroît.

— Le bonheur est d'abord dans une volonté de bonheur, dit Éliane. Et c'est aussi, dans cet esprit-là, se donner un vrai pouvoir de dépassement, ouvrir un champ de possibilités nouvelles.

Il semblait qu'on m'eût oublié tandis que, décortiquant mes châtaignes et dégustant le vin, je détaillais les uns et les autres, sans rien perdre de ce qui s'échangeait. C'est toujours pour moi un ravissement de découvrir les visages, de percevoir leur vérité profonde, de distinguer pour chacun une beauté particulière, même à ceux dont on dit, selon des critères discutables, qu'ils ne sont pas beaux.

Je remarquai que Popaul lorgnait toujours vers Éliane, et ne pouvait plus en détacher ses yeux. De ce regard assez langoureux et même lascif, la jeune fille semblait s'offusquer ; elle se tournait de temps à autre vers lui, lui adressait un haussement d'épaules ou une moue d'agacement ; peut-être même allait-elle aller jusqu'à lui tirer la langue ? L'idée me traversa la tête que cet être timide et timoré avait pris ce cercle de lecteurs pour un club de rencontres, dans une opportunité d'aventures. Tout à sa fascination pour la jeune fille, avec une insistance pathétique, Popaul restait sans paraître écouter vraiment ce qui se disait.

— Imaginons, reprit Maylis, que d'un instant à l'autre nous soyons éjectés dans l'autre monde, si tant est, bien sûr, qu'il y ait un autre monde. Quelle image ou quelle sensation retiendrions-nous de celui-ci et voudrions-nous emporter avec nous ?

Ce qui me surprit, c'était que les premières images ou sensations qui leur venaient spontanément à l'esprit, et qui avaient laissé en eux la plus profonde empreinte, étaient des choses que l'on aurait pu croire apparemment futiles, insignifiantes ou dérisoires, et non pas de hauts faits marquants, des honneurs, des succès divers, une réussite professionnelle ou un exploit remarquable. Ainsi : le parfum de la menthe sauvage froissée entre ses paumes, le goût mousseux du lait à la traite, les pensées qui vous viennent le soir en respirant l'odeur des glycines, l'absence même de pensées devant un coucher de soleil. Ce qui recoupait un propos précédent de Bella pour laquelle le plaisir était dans des moments rares, furtifs et privilégiés où l'on se sent en harmonie. D'ailleurs, Éliane, tout comme elle, retenait d'abord les senteurs soulevées dans un jardin après une averse. Les Dupont-Dupond, pour leur part, en revinrent à leur passion pour la pêche. L'amateur de catastrophes naturelles aurait voulu conserver à jamais dans sa mémoire la *Vague* de Hokusai, et même en emporter une reproduction pour l'accrocher sur le mur blanc de l'éternité. L'avocat voulait prendre avec lui ce qu'il n'était pas assuré de trouver dans l'au-delà, à savoir ses cigarillos et sa cave à vins, à seule fin de perpétuer l'ivresse. Nul doute que Popaul, lui, aurait voulu emporter à jamais l'image de la jeune fille Éliane, une image qu'il aurait pu à volonté matérialiser devant lui, dans sa claire réalité charnelle.

Maylis se rappelait, lors d'un voyage en Égypte, une fin de jour au pied d'une pyramide, non pas d'une pyramide en tant que telle, dans son importance archéologique d'être une pyramide, mais dans sa forme de triangle dressée dans l'immensité, alors que le soleil se couchait en prolongeant des derniers rougeoiements sur le paysage. Tout était devenu alors silencieux, si profond et paisible. Un silence qui n'était pas le contraire de la noise, mais quelque chose de plus et qui dépassait l'entendement. Elle était restée sans plus bouger, une odeur de pivoine lui venant étrangement au visage.

C'était aussi à la faveur d'un voyage, cette fois en Syrie, que Bella s'était rendue à pied dans un monastère pour y passer la nuit. Les ombres s'épaississaient autour d'elle, semblaient couler des buissons et se coudre sans bruit les unes aux autres. Elle avait alors éprouvé, à un degré inimaginable, la sensation de n'être personne au milieu de nulle part, hors du temps, hors du monde – ce qui rappelait une chanson de Dylan : « Comment te sens-tu, d'exister en propre, sans foyer, comme un complet inconnu, comme une pierre qui roule ? »

Avant de parler à son tour, Mehdi s'occupa de raviver les braises, remit quelques bûches, vérifia que les uns et les autres avaient encore du vin, puis il rapporta un événement de son enfance en Tunisie, lié à la lecture et à l'écriture.

En revenant de l'école, il passait chez le poissonnier et rapportait à la maison des sardines fraîches enveloppées en hâte dans une feuille de journal vieux de plusieurs jours voire de plusieurs mois. Avec un soin presque superstitieux, son père analphabète retirait les poissons, puis se mettait en devoir de lisser la feuille de journal sur la table, avec ses taches plus sombres où le papier avait été mouillé par les humeurs de la mer ; il demandait à l'écolier de lui lire les différents articles qui étaient à propos de tout et de rien – des nouvelles locales, des résultats sportifs ou des faits de politique étrangère. Le marché du chameau côtoyait les conférences au sommet et les opérations à cœur ouvert – tout cela dans une forte odeur de poisson.

— Mais ce que je gardais en mon âme comme un merveilleux et troublant secret, continua Mehdi, c'était que mon institutrice française, m'ayant pris en affection, me retenait après la classe pour m'aider à parfaire mon écriture. Elle était fort décolletée, les seins comme des beaux fruits dans la corbeille ; elle m'entourait de son bras nu, prenait ma main serrant la plume, la guidait pour tracer au mieux les hampes et les jambages des consonnes, les arrondis et les boucles des voyelles, tandis que son parfum aux mille fragrances inconnues m'étourdissait, me soûlait, me pénétrait jusque dans des régions indéfinies que je ne savais pas porter en moi-même.

« Eh bien, conclut-il en riant, si j'ai quelque chose à souhaiter pour mon existence post mortem, c'est bien que les houris qui m'attendent dans le jardin d'Allah exhalent toutes ce parfum-là...

Devant ce qu'il estimait sans doute être des reparties à l'eau de rose, où le plaisir le disputait en niaiserie à la rêverie gentille, l'avocat vira de bord et partit dans un tout autre registre. Il était, expliqua-t-il, un lecteur assidu de Cioran, de Céline, de Beckett et de Thomas Bernhard, écrivains à ses yeux tout à faits revigorants, dont il relisait sans cesse les ouvrages marqués par la *tabula rasa* généralisée, le *Précis de décomposition* ou la *Fin de partie*, sans oublier certaines répliques de *Ce fou de Platonov* qui vous laissent sans illusion. La vie n'est qu'une foire aux vanités, une suite de déceptions, de vilenies, d'humiliations et de tromperies, de souffrances absurdes et d'injustices flagrantes.

Le monde est monstrueux, corrompu jusqu'à la moelle; les âmes sont pourrissantes, et il n'y a aucun espoir que cela change. Sauf, peut-être, si l'on s'en remet aux humeurs des volcans d'Islande qui peuvent vous plaquer tous les avions au sol et paralyser pour un temps dont on voudrait qu'il durât toujours notre stupide et malfaisante activité humaine. L'humanité est frappée à jamais d'une malédiction, qui peut se résumer à ce seul constat : voyez une pomme pourrie au milieu de cent belles pommes; celles-ci ne réussiront jamais à lui rendre la santé, c'est la seule pomme pourrie qui contaminera toutes les autres...

— Il reste, dit-il, que, parfois, à l'improviste, une petite bulle gazeuse monte en nous et crève en surface. C'est une décompression, une soupape de sécurité qui joue, une bouffée de bien-être qui semble en même temps une bouffée de néant. Mais l'instant suivant, ce plaisir-là, cette impression d'exister tellement s'évanouit, et tout redevient comme avant...

Pour toute réponse, il y eut un ronflement, si profond qu'il semblait un râle. Victor, le jardinier, s'était endormi, le corps mou, la bouche mi-ouverte. Éliane s'en offusqua, fit la grimace, le secoua brutalement, pour rajuster ensuite sur ses lèvres un sourire un peu triomphant.

Réveillé en sursaut, Victor s'écria : « Quoi ? Qu'y a-t-il ? », les yeux éblouis, pupilles dilatées, l'air hébété, comme s'il revenait de l'autre monde, justement. Il se redressa sur sa chaise, parut se raviser, rejoint par une inspiration sur le thème qui nous occupait, et raconta :

— Il y a à Toulouse un fonctionnaire qui s'appelle Sylvain Fargues et dont la passion, c'est la montagne. Dès qu'il a un jour de récupération, les week-ends, toutes les vacances bien sûr, il grimpe vers les cimes.

« Un dimanche, jour du Seigneur, il va dans une partie des Pyrénées où il n'est jamais allé. Tout en haut, le paysage est tant beau qu'il s'approche d'un abîme sans y prendre garde. Il dérape, valse dans le vide ; il y a un arbre qui pousse accroché à la paroi ; il réussit in extremis à s'accrocher aux branches de cet arbre, et le voilà suspendu comme un fruit étrange dans l'immensité.

« Très rapidement il crie : "Il y a quelqu'un ?" Pas de réponse. Il décide de formuler sa question autrement : "Il n'y a personne ?" Une voix grave et douceâtre lui parvient alors à travers les nuées : "Bon dimanche, Sylvain, je suis ton créateur, je suis le dieu Amour. Laisse-toi choir, je vais te recevoir dans mes bras..." Sylvain réfléchit très vite puis crie pour la troisième fois : "Y a quelqu'un d'autre ?"

Ce trait-là déclencha tous les rires. Victor en parut réjoui. Il attendit, regardant les uns et les autres, que l'effet s'estompât pour déclarer sur un ton plus sérieux :

— Je ne sais pas s'il y a quelqu'un d'autre, mais je sais qu'il y a quantité d'autres choses qui constituent le plaisir qu'il y a dans la vie même. Pour moi, la contemplation bucolique du jardinier, la sieste à l'ombre, le farniente, le rien-faire qui est tout un art, et la compagnie des fleurs... sans oublier, le soir, un verre de muscat et la *Petite musique de nuit* de Mozart...

Puisque qu'il venait, plus haut, d'être question d'alpinisme, je me rappelai une rencontre avec le philosophe Patrick Liégeois et je rapportai certains de ses propos qui m'avaient surpris. Éliane et Bella me lancèrent un regard, aimanté peut-être d'une sorte de gratitude, parce que je me décidais enfin à prendre vraiment la parole.

— Patrick, racontai-je, est plutôt du genre contemplatif et à son regard la montagne n'est jamais belle que d'en bas. « Tout en haut, dit-il, on dirait une vue d'avion, un panorama insupportable, pis encore une photographie de Yann Arthus-Bertrand. » Notre philosophe est un familier des quatre mille. Chaque été il part à l'assaut des cimes, avec toujours le même guide, et ne retient de l'ascension que l'effort, l'épreuve, le froid, la faim, dans une aventure verticale où l'on ne voit plus que ses pieds, la corde, les crampons, le piolet, sans plus avoir de pensées, ni même de sentiments. Pour reprendre ses termes : on se sent alors vidé, évidé, élagué de l'intérieur, dépossédé de soi, sans plus avoir aucune identité, et il y aurait un péril à s'émouvoir ou à s'émerveiller, toute distraction pouvant vous être fatale. Patrick nomme cela le bonheur sans plaisir...

Ce « bonheur sans plaisir » laissa un temps tout le monde songeur, et comme interdit, tandis que Maylis remuait d'autres châtaignes encore, en maniant avec un surcroît de conviction sa poêle à trous.

Pendant que je parlais, Éliane avait toussé à plusieurs reprises, se raclant le fond de la bouche, bien que le plus discrètement possible, pour avouer à présent, toussant encore, qu'elle avait un bout d'écorce de châtaigne mal décortiquée resté dans la gorge, aussi malaisé à décrocher que si elle avait une arête de poisson eschée. Dupond voulut la faire boire, Dupont, lui faire avaler un morceau de pain. L'avocat, sans plaidoirie, décréta qu'il fallait la prendre par les pieds et la renverser, tête en bas, ce dont Éliane s'offusqua car elle était en jupe. Popaul, sortant de sa pesanteur habituelle pour se lancer dans une action salvatrice, voulut introduire ses doigts dans la bouche de la malheureuse.

— Je te l'interdis bien, cria-t-elle, ni dans la gorge ni d'ailleurs dans n'importe quel autre trou!

La réplique assez crue stupéfia l'assemblée. Mais Éliane la lança avec une telle véhémence que le morceau de châtaigne se décrocha, lui revint dans la bouche, où elle le retira entre deux doigts.

Jean-René, l'avocat, se retourna alors vers moi, et demanda, comme au nom de tous, ce que, pour ma part, je voudrais emporter dans l'éternité.

Je m'entendis dire, sans réfléchir, que j'aurais voulu que ce cercle de lecteurs se prolongeât dans l'au-delà, bien évidemment dans une odeur de châtaignes grillées, en partageant sans fin les paroles et le vin. J'avais l'impression que nous étions tous sortis d'un livre, du Grand Livre jamais vu, jamais nommé, et qui rassemble tous les autres.

J'imaginais à mon avantage l'éternité comme un labyrinthe où seraient disposés sur d'invisibles rayons les livres de tous les temps et de tous les lieux, ceux du présent, du passé et de l'avenir, ceux-là même qui n'étaient pas encore écrits, ne le seraient peut-être jamais, ou alors, tracés à l'encre sympathique et attendant l'effet d'une autre chaleur pour que leurs caractères se révèlent à nous.

3

Dans la portée des phares

Comme, vers minuit, nous allions quitter Lespinas, Mehdi qui devait reconduire Éliane privée de voiture « pour l'instant » me demanda si je pouvais la déposer à Gréalou, puisque « c'était sur ma route ». Et elle était repartie avec moi.

Tout un temps, la jeune femme était restée silencieuse, une jambe un peu relevée, les bras enserrant son genou, non pas penchée vers l'avant mais bien calée en arrière, les épaules pressées contre le siège. Elle exhalait un parfum mystérieux, nouveau pour moi, une odeur comme chocolatée. Moi-même je ne disais rien, la tête encore sensiblement emplie de tout ce qui s'était dit et échangé au cours de la soirée, et de l'atmosphère de franche camaraderie qui régnait dans le cercle.

Je conduisais comme à l'accoutumée, sans brusquerie. Les phares débusquaient lentement dans la nuit des murets, des clôtures, des pâtures qui semblaient profondes et peut-être même sans fond, avec çà et là des arbres isolés, ayant encore leurs feuilles en tout ou en partie.

— Vous savez, avait soudain commencé Éliane, comme si le moment, plus que n'importe quel autre, se prêtait à la confidence, j'ai porté longtemps dans mon sac *Les Enfants de la violence* de Doris Lessing. Je m'y accrochais comme à une bouée de sauvetage. Dès que je sortais, je m'assurais que le livre était toujours bien enfoui entre mon portefeuille, mes papiers d'identité, mon permis de conduire, ma carte Vitale, mon rouge à lèvres, ma brosse à cheveux, et mon trousseau de clés dont la plupart ne me servaient plus ou n'ouvraient plus aucune porte.

« C'était en édition de poche. La couverture en était salie, chiffonnée, et même déchirée, mais je crois que si j'avais découvert que *Les Enfants* avaient disparu, je me serais sentie volée, dépouillée de tout ou sans plus aucun garde-fou, nue, livrée à toutes sortes d'intempéries intérieures ou extérieures.

« Parfois, je l'ouvrais et relisais des passages au hasard, des phrases qui, j'en suis sûre, m'aidaient à passer certains caps, à surmonter des épreuves. Un peu comme si je faisais une incantation ou pratiquais un exorcisme. Une sorte de bibliomanie, en fait. J'aurais pourtant été incapable de dire pourquoi je m'accrochais tant à ce livre, pourquoi il avait pris pour moi force de talisman. Cela a duré ainsi plusieurs années...

Comme, de virage en virage, nous descendions vers la vallée, nous rencontrâmes des bancs de brouillard. Des écharpes blanchâtres s'effilaient, fuyaient, voltigeaient sourdement dans la portée des phares. Je me penchai vers l'avant pour frotter de la main le pare-brise qui s'était embué.

Un instant, la nuit se dressa devant nous telle une muraille blanchâtre; je rétrogradai. On n'y voyait pas à deux pas. Je n'en finissais pas de frotter le pare-brise, mais la buée ou une sorte de bruine était au-dehors. Heureusement, ce n'était qu'un passage, cette muraille opaque à traverser. Par-delà, les bancs de brouillard à nouveau s'espacèrent, s'effilant et finissant même par se dissiper.

— Un matin, reprit Éliane, j'ai fait le tri de tout ce que mon sac contenait, bien résolue à l'alléger. Et j'en ai sorti *le* livre. Il y avait longtemps que je n'avais pas mis le nez dedans, n'en avais plus éprouvé la nécessité. Après une brève hésitation, vu son état de délabrement, j'allai tout de même le ranger dans ma bibliothèque, un peu comme un objet qui nous a tellement été utile et qu'on hésite à mettre au rebut. Mais c'est alors, me souvenant de tout ce qu'il avait représenté pour moi, que je me suis décidée à le relire. Avec appréhension, je dois dire. Avec la crainte de ne plus pouvoir entrer dedans, comme dans une pièce devenue trop étroite, ou alors, de découvrir que je m'étais attachée à quelque chose qui ne me parlait plus, avait perdu pour moi tout intérêt, avait fait, en quelque sorte, son temps. J'avais tout à fait oublié de quel sujet il traitait, de quoi il en retournait. J'ai alors découvert que ce livre racontait une histoire, mon histoire, enfin, une histoire qui aurait pu être la mienne et qui l'était par certains côtés...

Je me rappelais, vaguement, pour l'avoir lu il y a longtemps, suite à une recommandation que Ingmar Bergman lui-même en donnait dans une interview, que *Les Enfants de la violence* retraçaient le parcours d'une fille qui n'avait pas fait de grandes études et qui, sans avoir aucune qualification, avait été engagée dans un bureau où elle était devenue secrétaire, et plus tard secrétaire de direction. Elle s'était mariée, avait eu un enfant, atteignant par ce mariage un rang social plus élevé que celui auquel elle aurait pu prétendre. Elle côtoyait des gens érudits, issus de milieux artistiques ou intellectuels, des hommes aussi, qui lui ouvraient des horizons plus vastes, lui fertilisaient l'esprit et lui révélaient des possibilités qu'elle ignorait porter en elle.

— Finalement, conclut Éliane, elle quittait son mari, même s'il avait été l'un de ceux qui lui avaient permis d'accéder à un autre monde ou à une autre vie, mais qui, lui, passé un certain cap, s'était arrêté d'évoluer. Elle rompait avec sa vie aisée, devenue très conventionnelle, abandonnait même son enfant, et prenait le large, en possession d'elle-même, libre, dégagée de tout, et surtout plus consciente. Ce livre avait opéré en moi, progressivement, un grand mouvement d'ouverture, et m'avait dessiné comme une nouvelle carte d'identité. Rien de moins.

Elle s'était tue, retirant en même temps les mains qui enserraient son genou. Nous roulions à présent dans la vallée, le moteur ronronnant en sourdine. Étrangement, alors que le brouillard se forme ordinairement dans les fonds, il n'y avait pas là la moindre trace de brume. La nuit en paraissait plus vaste et claire, tous les détails nets et comme photogravés dans la portée des phares, et la rivière miroitait en serpentant sous un croissant de lune.

Comme nous arrivions à Figeac, Éliane me demanda si j'écrivais en ce moment, et je répondis que non ; j'avais des conférences à donner sur les rites amoureux du monde animal, la prochaine étant à Lyon, en fin de mois.

Je lui confiai que lorsque je terminais ce genre d'exposé, à peine étais-je descendu de l'estrade que des gens se précipitaient sur moi pour me parler à bride abattue de leurs passions particulières de zoologistes amateurs, de naturalistes assidus ou dilettantes, impliqués parfois dans des recherches pointues, et partageant tous en somme l'idée selon laquelle la curiosité est notre première contribution à la beauté tantôt merveilleuse, tantôt monstrueuse du monde.

Certains, férus, fervents, exaltés, ne s'attachent à l'étude que d'une seule espèce ; leurs passions se veulent exclusives, dans un élan d'élection pour la patelle ou le chiton, le cynips de l'églantier, l'ophrys araignée ou la sangsue, les mœurs printanières de la belette ou du busard des roseaux.

— À la vérité, dis-je, j'apprends alors toutes sortes de choses, ou plutôt, je devrais m'enrichir de toutes ces choses si tous ne parlaient pas en même temps ou presque et que les reportages qu'ils me font ne s'emmêlaient entre mes tempes et ne me laissaient étourdi, comme après une série d'uppercuts sur un ring. Sais-je qu'une femelle doryphore ne pond pas moins de sept cents à huit cents œufs à l'envers des feuilles de sa plante hôte, que le sphinx tête de mort peut vous ravager une ruche en moins de cinq semaines, que les renards dorment parfois dans les arbres, que les martinets qui s'accouplent en vol ont leur propre parasite nommé cratérine, et que les escargots cavernicoles sont tous carnivores tandis que les papillons dits trogloxènes utilisent pour leur survie des techniques de leurres ? Pourquoi, me reproche-t-on abruptement, n'ai-je jamais parlé du lombric qui jouit pourtant du privilège de l'hermaphrodisme ?

— Mais oui, pourquoi ? releva Éliane en riant.

— Ces vrais passionnés, complétai-je, ne voient plus le monde qu'à travers les propriétés et les rites de leur espèce de prédilection, avec laquelle ils s'identifient en tout ou en partie, les prunelles dilatées par des observations obsédantes, et je voudrais surtout saisir le lien intime, la corde de rappel qui les ramène à eux-mêmes. C'est le charme même de la rencontre.

— Doris Lessing dit quelque part qu'à la faveur de chaque rencontre nouvelle, de nouvelles facettes de notre être se révèlent à nous.

J'étais d'accord, d'autant plus que j'avais souvent l'impression que nous sommes tous et chacun, à des degrés divers, comme des puzzles inachevés, nous côtoyant au gré des courants. Parfois un autre se rapproche de nous, ou nous approchons de lui. Et voilà, comme par miracle, que l'une de ses pièces s'ajuste exactement à l'une des nôtres : c'est par là que les choses communiquent et s'échangent...

4

Un carreau cassé

Il n'y a plus de saisons. Le temps ne respecte plus la façon agraire de le considérer ; il n'en fait plus qu'à sa tête, indocile, indomptable, imprévisible ; il se décroche du cycle, de tous les cycles, du mythe même de l'éternel retour, comme une porte jaillie de ses gonds ; il se révèle turbulent.

Dans les jours qui suivirent la soirée châtaignes, la température, bien que l'on fût en novembre, remonta d'un coup, atteignant ce que l'on nomme des pics de chaleur, des cimes presque incandescentes, l'air en feu à midi. Une brume crayeuse noyait l'horizon, le vent d'autan asséchait tout. Vers le soir, une torpeur s'abattit sur le pays. Une atmosphère stagnante, poisseuse, sans plus aucun remuement. Puis le vent revint avec force et il y eut un orage de grêlons, gros comme des œufs de caille, tombant en meute serrée, en stries étincelantes dans la nuit.

Ce n'est qu'au petit matin que je remarquai que des grêlons avaient frappé la fenêtre de mon bureau orientée ouest, et cassé un carreau, plus ou moins en son centre, en laissant des parties attachées, brisées en étoile, avec des lignes plus blanches à l'endroit des coupures. Je retirai ces parties-là, rapportant des morceaux de transparence à l'intérieur de la pièce qui leur servit de tain, et je me vis reflété avec un air hébété – que je n'ai pas d'habitude.

Plus tard dans la matinée, je me mis en devoir de remplacer le carreau. Le travail avec le mastic n'est pas aisé ; il faut d'abord longuement le pétrir, obtenir une souplesse parfaite, avant de l'appliquer en procédant par empâtements, puis en lissant au couteau. Mes doigts le faisaient sûrement; les gestes, une fois la technique assimilée, s'accomplissaient sans moi. J'avais l'esprit libre.

Je repensais au cercle de Lespinas et je revoyais les visages éclairés par les flammes. C'était fascinant, pour l'écrivain que je suis, de découvrir ce petit monde bibliophage, des lecteurs en vrai, chevronnés, passionnés, exigeants, éprouvant les livres selon leurs prismes personnels et les découvrant différemment.

Un livre vient de bien avant son apparition sur les étals des librairies. C'est l'évidence. Nul n'en doute. Il vient même de bien avant son apparition sur la page blanche. Mais quant à savoir d'où il provient précisément, c'est une autre affaire. Où fut la première étincelle, l'inspiration impérative, tout à la fois l'idée errante, le germe déterminant, l'occasion ou la circonstance, la génétique d'un désir ? En quels organes ?

On pense d'abord à la mémoire, lieu alvéolaire des états de conscience passés et de tous les événements qui leur furent associés, la mémoire communiquant ses trésors à l'imaginaire, en une chambre d'alchimie contiguë, pour que les mots, les images y trouvent leurs couleurs, leur consistance, leur relief. On suppose ensuite le cœur en ses quatre poches cardinales, une cervelle surmenée comme le fut assurément celle d'un Jean-Paul Sartre, le creux de l'estomac dans l'acidité parfois des sucs gastriques, la rate, siège des humeurs noires, ou l'intestin des interminables transformations, et bien sûr, le nombril, l'entrejambe et les testicules. On ne réalise pas combien d'œuvres sont sorties directement du cercle vicieux et du tourbillon ombilical, et tout aussi immédiatement des gonades. Enfin, il faut dénombrer la cuisse, l'arrière-train, objet parfois de curieuses convoitises, le tendon d'Achille, l'astragale, et les pieds des écrivains marcheurs, les ailes même, poussées à l'endroit des omoplates, des écrivains voyageurs.

Pour ma part, le livre étant à l'image de la vie, ou du moins la vie en expliquant naturellement l'élaboration, c'est par une expérience dans l'enfance que je voulais comprendre toute provenance. À dix ou onze ans, dans un défi d'explorateur, j'avais voulu remonter jusqu'à sa source la rivière qui traversait en lents méandres la vallée. Il s'agissait de franchir les frontières du pays de l'enfance, sur un sentier jusque-là dérobé. Rien de moins qu'une expédition en Amazonie. La rivière s'étrécissait rapidement, bordée par des broussailles de plus en plus inextricables, et j'avais poursuivi en marchant dans le courant étroit. J'avais imaginé une source nette, éclose en roucoulant sous une roche ou entre les racines d'un arbre. Trois ou quatre heures plus tard, j'étais arrivé dans une grande forêt, et il n'y avait pas de source ! Rien qu'une grande flaque de mousses d'un genre polytric sous les branches basses des épicéas. C'était sidérant. Mais, m'accroupissant, je remarquai des cheveux d'eau qui se liaient les uns aux autres, se tressaient, rejoints par d'autres tresses d'eau cristalline, et qui formaient progressivement le fil de la rivière. C'est ainsi, comme toute vie, que j'imagine chacun de mes livres nés à cette source obscure, multiple et dérobée, portée désormais en moi-même.

C'est dire aussi – à mes yeux – l'importance du courant qui nous traverse quand tout le reste, en dehors de ce que l'on nomme faussement l'inspiration, n'est que travail d'orfèvre, patient ou emporté, précisions, rythmes et musiques, ricochet de voyelles et mouvement de consonnes.

Plus tard, voilà le livre mis en forme, imprimé, arborant une illustration en couverture, multiplié, acheminé, diffusé, distribué, déballé, placé sur les étals, pour être humé, fouillé, trituré, soupesé, lu à la quatrième de couverture ou dans un passage en l'ouvrant au hasard. Ensuite, porté, emporté, déporté, transporté dans une valise, un sac de voyage ou tout simplement sur soi, le tenant à la main. Il franchit des frontières, vient ici, part ailleurs, échangé, revendu, perdu, prêté, retrouvé. Lu ou relu dans le métro, à la vitre d'un train, en marchant ou en étant assis sur un banc, parfois à voix haute dans une cathédrale forestière ou au bord de l'océan dans le fracas des vagues, mais toujours dans une solitude, une intimité tant personnelle qu'impersonnelle, où tout est communicant à tout (ou devrait toujours l'être).

On dirait une migration d'oiseaux qui s'égaillent aux quatre vents, s'en vont jusqu'aux confins, reviennent, flux et reflux. Mieux encore, dans une passion colombophile, ce sont des pigeons voyageurs, porteurs de messages ou pas, roucoulant à la parade amoureuse de façon ostentatoire, partant, passant les mers, survolant les déserts, et revenant guidés par l'aiguille aimantée d'une boussole interne : c'est ainsi que les livres vous reviennent, ou qu'on les retrouve d'occasion sur un marché, quand ils n'ont pas d'abord trouvé leur lecteur idéal.

Il semble, par je ne sais quelle attraction magnétique, que certains livres attirent aussitôt à eux les lecteurs à qui ils sont destinés. Mais d'autres fois, non. Les livres leur arrivent par lents détours, par accident ou sur la recommandation parfois d'un proche, mais quelquefois, ils ne les atteignent jamais. Et c'est fâcheux, car, enfin, un livre n'existe vraiment que dès lors qu'un lecteur l'a recréé en lui-même. J'eus alors la vision navrante de navires restés en rade, avec leurs cargaisons de mots, d'images, d'idées et de désirs en pure perte, alors qu'ils ont tout en eux pour nous éveiller à vif et conférer au monde dont nous avons une vue toujours trop étroite une tout autre dimension.

J'avais fini de remplacer le carreau cassé et j'en effaçais à présent toutes les traces de doigts, le frottant avec une peau de chamois imbibée de vinaigre blanc. L'odeur acétique m'en montait à la tête. Cette transparence rétablie me rendit, au besoin, une sorte de sérénité. Tout comme Éliane, à la lecture de Doris Lessing, s'était sentie mise ou remise à neuf.

5

Stratégie de la tique

Ce soir-là, à Lyon, ma conférence s'était déroulée devant les membres actifs du cercle culturel La Salamandre, auxquels s'étaient ajoutés des étudiants en biologie, et quelques désœuvrés ou obsédés, alertés par les affiches annonçant un « Petit Décaméron des amours animales », notamment un personnage poussif, logé au premier rang, et qui, ne trouvant sans doute pas dans mes propos de quoi fouetter une chatte, avait fini par s'assoupir en fermant à demi ses yeux bleuâtres.

Le public s'était montré assez passif, peut-être pas indifférent mais en tout cas sans réactions – ce que je nomme assez méchamment « l'attention frigide » – et, contrairement à l'habitude, il ne s'était trouvé ensuite personne (crus-je sur le moment) pour me prendre en otage de ses passions naturalistes particulières. Le président du cercle avait réservé une table dans un de ces « bouchons » qui sont les restaurants typiques de la ville, et je trouvai que c'était là une merveilleuse conclusion à donner à cette soirée.

Je n'avais déjeuné dans le train que d'un sandwich au crabe noyé de mayonnaise dont, bientôt écœuré, je n'avais avalé que la moitié, et je me sentais une grande faim, l'estomac raviné et les incisives bien affûtées, d'autant que Stendhal affirme que l'on mange admirablement à Lyon et que c'est dans cette même ville que parut en 1532 la première édition de *Pantagruel*, où Rabelais recommande la cuisine qui accommode les abats, et vous sert à profusion cervelas, andouille, rillettes, hure de sanglier, gigot à l'aillade, fressure et fricandeaux, hochepot, carbonnades et cabirotages, sans omettre la poularde en demi-deuil et la carpe farcie.

Le bouchon où l'on m'entraîna, marqué pour en certifier l'authenticité d'un autocollant représentant Gnafron, cet ami de Guignol, philosophe à la figure bien avinée, offrait dans un clair-obscur un espace tout en profondeur mais étroit, sous un bruit de vaisselle et le brouhaha des voix, et il n'y avait plus de libre que la table qui nous était destinée, couverte comme il se doit d'une nappe à carreaux.

Les miroirs au-dessus des banquettes réfléchissaient les dîneurs déjà attablés de face, de dos et de profil, et mon regard errant s'était arrêté sur une tête étonnée, sans réaliser aussitôt qu'il s'agissait de la mienne.

Les quatre membres de La Salamandre, tous de sexe féminin, réunis autour de leur président aux cheveux blanc beurre devisaient déjà entre eux de choses et d'autres, qui n'avaient plus rien à voir avec les sciences naturelles. On ne se sentait pas aussitôt obligé de profiter de ma présence ni de me considérer comme le pôle d'intérêt de cette soirée, en me posant, comme c'est souvent le cas, toutes sortes de questions pour me faire jouer les prolongations, m'obliger à rapporter d'autres histoires et d'autres anecdotes, si bien qu'en pareil cas, j'avais désormais en réserve cette petite galéjade :

« Aux temps de la Rome antique, sainte Opportune fut emmenée dans l'arène, mais avant que le lion se précipitât sur sa proie, ce fut elle qui s'élança vers lui et lui souffla quelque chose à l'oreille. Le lion, perplexe, plein d'intrications, rentra alors dans sa cage, en faisant queue basse. Le peuple, exalté par le prodige, demanda que la sainte eût la vie sauve, et César, sous la pression populaire, fut contraint de tendre le poing, le pouce érigé vers le haut, à condition que la sainte révélât ce qu'elle avait soufflé à l'oreille du lion. "César, répondit-elle, je lui ai simplement dit : Tu vas peut-être faire un bon gueuleton, mais ensuite, tu devras raconter une histoire..." »

Ce soir, la plaisanterie n'allait pas être nécessaire. D'un excès à l'autre, tous semblaient m'ignorer, plutôt disposés à dîner ensemble de façon gargantuesque et agréable, comme si je n'étais pas là, moi qui servais pourtant de prétexte à ce dîner aux frais de l'association.

— Prenez tout ce qui vous fait plaisir, me dit seulement le président, s'accompagnant d'un geste large et élégant.

Je ne me l'étais pas fait dire deux fois, feuilletant la carte reliée en moleskine noire, émerveillé d'emblée par la variété des mets proposés, la plupart inconnus de mes papilles.

Les uns et les autres voulurent alors m'initier à la gastronomie du bouchon. On m'expliqua que le « tablier de sapeur » est à base de morceaux de gras-double marinés dans du vin blanc, chapelurés et grillés, servis avec une sauce gribiche, et que la cervelle de canut n'est pas la matière grise d'un animal énigmatique mais un fromage blanc en faisselle, moulé à la louche et pétri d'échalotes, de ciboulette et d'une gousse d'ail, mêlé enfin d'huile, de vinaigre de vin et de poivre au moulin.

On me recommanda ensuite tout à la fois les quenelles, les grattons, les rillettes d'oie, le gratin de cardons, le fagot de couennes grillées en « pigeon ficelé », et les clapotons qui sont des pieds de mouton entremêlés de tranches de foie fricassées aux herbes.

En note finale, une rouquine aux yeux noisette, qui n'était autre que la secrétaire de l'association, m'apprit doctement que la rosette doit son nom au boyau de porc dans lequel elle est embossée : l'intestin se termine par l'anus nommé rosette en raison de sa couleur. Une même lueur saumon lui était venue aux joues tandis qu'elle regardait aussitôt vers le président pour recevoir l'approbation de son initiative.

— Si vous hésitez tant, reprit le président, on va commander pour vous. Je connais le patron de céans; il sera d'accord avec moi pour vous servir une série de plats typiques en portion moindre, afin que vous dégustiez le plus de choses possible.

Voilà qui me convenait bien quand je ne tenais pas à démériter de Stendhal ni de l'auteur de *Pantagruel*.

Sur un écriteau accroché au mur, on pouvait lire que *Pour que le vin fasse du bien aux femmes, il faut que ce soit les hommes qui le boivent.* Je dis l'adage tout haut et cela fit rire notre petit quatuor féminin. Comme on me laissait le choix du vin, j'optai pour un saint-joseph (la syrah est mon cépage préféré).

Ce fut seulement alors, refermant la carte et relevant les yeux, que je découvris devant moi un petit être étrange, émacié, étriqué et exsangue, que je n'avais pas remarqué jusque-là, et qui, surgi on ne sait d'où, s'était introduit subrepticement dans notre cercle pour se glisser comme un clandestin à la place laissée libre devant moi. Il me fixait de ses yeux perçants, impassible derrière ses lunettes rondes cerclées, les oreilles assez décollées et une bouche étroite, serrée sur elle-même, aux lèvres fines marquées de stries.

Le président me présenta alors Pierre-Marie comme étant celui qui avait surtout insisté pour que l'on m'invitât à donner une conférence quand lui-même était viscéralement (*sic*) passionné par l'éthologie animale. Pierre-Marie (qui, lui, restait à me fixer sans ciller) avait malheureusement été retenu ce soir par des obligations familiales, sans pouvoir assister à la conférence, mais il avait pu se libérer à la dernière minute pour me rencontrer enfin, quand il s'en promettait, me précisa le président, un «grand plaisir fertile». L'intéressé me salua alors comme pour ponctuer l'information, sans sourire, d'une petite inclination rapide de la tête et du torse et ne commanda rien pour lui (ce que j'aurais dû trouver suspect, bien que l'idée me passât par la tête qu'il avait sans doute déjà dîné).

On venait de me servir un choix de hors-d'œuvre : des rillettes, une cervelle de canut et un fagot de couennes grillées en pigeon ficelé, lorsque Pierre-Marie m'interpella :

— Vous qui passez pour un spécialiste des rites amoureux et sociaux du monde animal, vous êtes-vous jamais intéressé à la tique ?

Comme, déconcerté par cette entrée en matière inattendue, je devais signifier à mon grand regret que non, il poursuivit illico, sur le ton tatillon d'un esprit pointilleux obsédé de précisions :

— Cet acarien ectoparasite mérite pourtant notre plus profond intérêt. Bien sûr, tout le monde sait que la tique se nourrit de sang, en véritable petit vampire qui n'a de passion que dans l'ivrognerie, et qui doit à cela sa vie et même sa survie. Mais savez-vous qu'une tique après son repas final est six cents à sept cents fois plus lourde qu'avant ? Pour un être humain de poids moyen, ce serait comme de passer en une seule longue sucée de soixante-dix kilos à une dizaine de tonnes !

Je le considérai assez stupéfait, comme devant un péril immense, déstabilisé par ce ton de sentence qui semblait présager un mauvais sort. Mon appétit décrut sur-le-champ, tandis que j'entendais le président étourdir ses ouailles de la culture encyclopédique de ceux qui savent tout sur tout, ou plus justement un peu de tout sur tout, alors qu'il entamait le reportage d'un récent voyage culturel « tout à fait captivant et décoiffant » en Grèce.

Prenant sur moi-même quand il eût été dommage de ne pas profiter du festin assez exotique qui m'était offert, je me mis à démêler de la fourchette le fagot de couennes en pigeon ficelé.

— Un écusson de chitine permet de les distinguer, reprit alors Pierre-Marie sur un ton qui ne transigeait avec rien. Il y a donc dimorphisme sexuel. Cet écusson couvre le dos entier du mâle et seulement la moitié du dos chez la femelle : pourquoi ?

— Oui, pourquoi ? relevai-je machinalement.

Mon interlocuteur eut une petite crispation au visage, comme s'il trouvait fâcheux que la raison échappât à l'entomologiste patenté que j'étais censé être et qui s'était distingué notamment par une belle étude du moustique, décrivant le processus de son épanouissement, dans *L'Amour en eaux dormantes*.

— Tout simplement, expliqua-t-il, parce que la femelle, toute à sa fonction génératrice, se doit de rester plus souple pour une prise maximale de sang, laquelle, pense-t-on, est nécessaire à la maturation des œufs...

Comme si je devais m'abstraire de cette leçon de choses quand j'étais à table, j'avalai une grande rasade de saint-joseph en lui trouvant soudain un goût bizarre, comme de fer rouillé. Je le goûtai à nouveau, retrouvant cette fois avec bonheur le goût spécifique de la syrah.

Pierre-Marie s'était tu et me regardait manger avec une attention que je qualifierai d'extrême. Je pensais et plus encore j'espérais qu'il allait en rester là, mais lorsqu'on me servit l'andouille grillée avec son accompagnement de pommes sautées mêlées de cèpes, il revint à la charge.

— En fait, une tique ne fait jamais que trois repas au cours de sa courte existence. Un premier festin quand elle est larve, dotée de trois paires de pattes griffues pour mieux s'accrocher à son hôte, se gorger de son sang, et se laisser ensuite choir au sol pour se livrer à la mue. Un deuxième repas, dit nymphal, quand, opérant de la même manière, elle s'offre cette fois à la métamorphose. Et un troisième festin, final, quand elle accède à l'âge adulte.

« À chaque fois, poursuivait Pierre-Marie sans répit, c'est la même stratégie : la tique se dissimule dans l'herbe ou la broussaille, comme un franc-tireur embusqué dans le maquis, un *sniper* silencieux à l'affût, en faisant montre d'une patience à toute épreuve, tout à fait admirable. Alertée par la lumière, elle est montée du monde souterrain, dans une ascension glorieuse, et tout en haut des branches elle connaît sans doute ce que nous, humains, nommons l'ivresse des cimes. Il ne lui reste plus qu'à se laisser choir sur un hôte de passage...

Je le regardai malgré moi avec une soudaine anxiété, tandis que le président, de son côté, poursuivait son périple grec et y entraînait ses admiratrices en véritable cicérone. Après Delphes où il disait avoir reçu un oracle personnel de la pythie, puis Olympie où il s'était recueilli sur l'autel de Zeus, il avait visité Mycènes aux murs cyclopéens, royaume homérique d'Agamemnon, et il était à présent à Épidaure, sur les gradins de l'amphithéâtre, à leur réciter quelques vers de *L'Orestie* d'Eschyle.

Les uns et les autres ne s'étaient-ils pas mis d'accord pour me gâcher mon repas quand je suis de l'avis de Montaigne, qu'il ne faut pas avoir l'esprit ailleurs quand on est à table ?

Lorsqu'on me servit les clapotons, j'avais pris le parti de ne plus rien écouter, ce qui demandait une véritable gymnastique mentale. Il ne s'agissait pas moins que de me dédoubler en un dîneur tout à fait à son affaire gustative et en un auditeur apparemment attentif. La voix de Pierre-Marie me parvenait pourtant encore, mais de très loin, légèrement bourdonnante, ou voilée, comme si je l'entendais sous l'eau :

— ... s'étant accrochée à son hôte de passage, la tique se fixe au moyen de ses pattes griffues, puis chemine sous les poils, atteint la peau, y plante son rostre et se livre à la sucée... sans douleur pour l'hôte grâce à des substances salivaires anesthésiantes...

— Et qu'en est-il de ses amours ? demandai-je, en espérant des révélations plus excitantes.

— Ne vous attendez pas à des merveilles, me répondit du tac au tac Pierre-Marie. C'est le premier venu, la première inconnue, qui pourrait être aussi bien n'importe quelle autre inconnue. Pas de flirt, ni de préliminaires, aucune manœuvre de séduction...

Relevant soudainement la tête de mon assiette de clapotons dont, entre parenthèses, le dédoublement mental m'avait permis d'apprécier toute la saveur étonnante, je découvris avec stupeur que Pierre-Marie s'était transfiguré. Il s'était gonflé comme une outre, enflé à tout rompre, de manière démesurée, la tête plus étroite encore, les lèvres prolongées désormais d'un labre et de mandibules fortes. Était-ce là une hallucination dont j'étais la victime ou une de ces métamorphoses plus que réelles dont Kafka a le secret ?

La raison la plus plausible qui s'imposa aussitôt à mon esprit, c'est qu'il m'avait pompé le sang et toute la substance, peut-être même toute vitalité, rien qu'en me regardant manger avec une attention scrupuleuse. Des doigts de la main gauche je me frottai vigoureusement les paupières, et quand je rouvris les yeux Pierre-Marie avait, par chance, retrouvé son aspect coutumier, émacié et exsangue.

Il tendait sous mon nez un petit outil étrange, mince comme une pince à épiler, qui semblait aussi l'instrument d'un dentiste sadique.

C'était là un tire-tique, m'expliqua-t-il, le visage empreint d'un petit air de triomphe personnel. Comme le péril est grand de retirer une tique en laissant dans la plaie la tête et le rostre, il avait imaginé cet instrument en s'inspirant du pied-de-biche des machines à coudre, ce levier à pied fendu qui maintient le tissu à mesure et entre les branches duquel passe l'aiguille, pour le fabriquer ensuite, à la taille qui convient, avec la dextérité experte d'un joaillier. Le tire-tique était de surcroît aisé à manœuvrer. Pierre-Marie tenait à m'en faire cadeau.

C'était un présent qui allait m'être bien précieux à chaque printemps nouveau quand je trouve souvent de ces acariens vampires à l'encolure de mes moutons caussenards et de mes chèvres alpines. Et c'était en même temps comme une pièce à conviction à montrer aux lecteurs de Lespinas dans l'éventualité où je leur rapporterais cette histoire.

6

La séance aux divers gâteaux

Il y avait un personnage, nouveau pour moi, dans le cercle : un grand gaillard barbu, les cheveux en broussaille, vêtu d'une chemise à carreaux rouges comme on en voit au torse large des bûcherons de l'Alaska, et qui avait pour nom Richard Brars. Comme il n'avait pu assister à la dernière réunion, lui pourtant familier de Lespinas et membre passionné et assidu des rencontres, Maylis avait résumé à son intention les propos qui s'étaient tenus sur le thème du plaisir d'exister.

La saison des châtaignes était passée, et ce qui nous attendait, dès lors que Mehdi sonnerait la fin de la séance, c'était, disposée sur une table de côté, une variété invraisemblable de gâteaux maison : la tarte au citron de Maylis, le tiramisu de Bella, le quatre-quarts au chocolat d'Éliane, sans oublier une tarte aux pommes, une autre au sucre candi, un cramique aux raisins de Corinthe, un feuilleté aux poires – et pour ceux qui préféraient le salé :

une flammiche aux poireaux, des genres de tourtes, un pain aux olives et des chips de vitelottes au sel de Guérande.

Richard expliqua que, pendant des années, il s'était lancé à la recherche des écrivains du bonheur à travers toutes les littératures, tous azimuts. Selon lui, ils n'étaient pas en nombre ; on pouvait les compter sur les doigts de la main. Giono avait été longtemps son dieu, jusqu'au jour où il avait entendu sur France Culture la rediffusion des entretiens de Jean et Taos Amrouche avec l'auteur de *Colline* et de *Regain* : Giono y avouait être pétri d'ennui et n'avoir écrit sans répit que pour échapper à l'ennui, à une mélancolie vague, une lassitude indifférente qui fait qu'on ne prend de plaisir à rien. C'était stupéfiant.

— Comme si, précisa Richard, je venais d'être brusquement désarçonné, jeté à bas de la monture, enchantée entre toutes, qui m'avait entraîné dans *Le Chant du monde*. En réalité, Giono n'était qu'un bonimenteur génial et merveilleux, un marchand d'illusions, un arlequin couvert de miroirs aux alouettes ; il n'était pas celui qui jouit des choses, mais celui qui enseigne comment on jouit des choses. Je ne relis plus qu'*Un roi sans divertissement*, un récit énigmatique, placé sous les auspices du divertissement pascalien. À part Giono, je ne vois guère personne...

— Tout de même, protestèrent les Dupont-Dupond se rappelant leurs lectures du temps du lycée, Robert citant Homère et Hérodote, et Bertrand, Horace et Virgile.

L'un et l'autre n'en finissaient pas de les relire et à chaque fois c'était le même ravissement, le même soulèvement des sens au vent de l'aventure, le plaisir qu'il y a dans la vie même. Déçus souvent par la production romanesque de la littérature contemporaine, les Dupont-Dupond en revenaient toujours aux classiques.

— Si l'on s'en tient à notre littérature, reprit Robert, il faut citer les fabliaux érotiques du Moyen Âge, *Les Cent Nouvelles nouvelles*, l'*Heptaméron*...

— Rabelais, bien sûr, compléta Bertrand. Et aussi, au XVIIe, les *Historiettes* de Tallemant des Réaux...

— Et si l'on passe les frontières, dit Éliane, il y a l'incontournable Henry Miller pour sa formidable fougue de vie, l'appétit démesuré et l'optimisme revigorant de quelqu'un qui crève l'écran mais qui n'en reste pas moins l'être le plus égocentré qui soit. Il mérite bien le titre d'un livre qu'on lui a consacré : « un rocher heureux », même si je n'apprécie pas, mais alors pas du tout, son rapport presque exclusivement sexuel aux femmes. J'ai adoré son livre grec, *Le Colosse de Maroussi* où, pour une fois, les coïts à répétition nous sont épargnés...

On cita encore à la ronde les *Chasses subtiles* et *Le Contemplateur solitaire* de Ernst Jünger, ainsi que *Le Journal de voyage d'un philosophe* de Hermann de Keyserling. J'y ajoutai pour ma part Walt Whitman et *Les Enchantements* de John Cowper Powys.

Richard se grattait indolemment la barbe. Il se contentait d'écouter les uns et les autres sans ciller.

Bella, qui était professeur d'espagnol dans un

lycée (en attendant mieux), parla du «bonheur baroque» qui s'exhalait à bride abattue des œuvres qui nous viennent de l'Amérique du Sud, particulièrement dans les romans de García Márquez, d'Asturias ou de Jorge Amado. Elle fit l'éloge de l'imagination au pouvoir, du triomphe de la vie par la sensualité débordante, la profusion des images, les mots de toutes couleurs jetés en cascades.

— Tout se passe, dit-elle, comme s'il y avait dans le monde ou derrière le monde une sorte d'orgue vaste et multiple sur lequel García Márquez et les autres jouent en toutes sortes de combinaisons, de variations et d'improvisations. Les voilà qui composent, créent, recréent, transposent, métissent, improvisent des modulations libres en explorant l'univers tant physique que spirituel. Le raconteur tire sur les touches de la faune et de la flore, du naturel et du surnaturel, ou encore sur celles des phénomènes atmosphériques, de la sorcellerie ou des songes. Et à tout cela se mêlent en nombre des couleurs crues, des odeurs fortes, des échos profonds, des rythmes, un arc musical tendu sur une calebasse et les pulsations sourdes du sang. Grossie de toutes les voix s'élabore et s'étoffe alors une langue figurée, fabuleuse, excentrique, qui peut être comprise, éprouvée à des degrés divers, en nous logeant au cœur du monde.

Bella conclut en recommandant, si on ne les avait pas lus, *Dona Flor et ses deux maris*, *Bahia de tous les saints*, *Le Pape vert*, et *L'Oiseau obscène de la nuit* de José Donoso.

Il y eut un silence, où tous se regardaient, la tête résonnante après cette tirade magnifique.

Mehdi partit ensuite dans une tout autre perspective en reparlant du *Gai Savoir*, et de *L'Éthique* de Spinoza. Victor émit alors quelque chose si précipitamment et si bas qu'on dut lui demander de répéter :

— Pourquoi pas, dit-il, haussant le ton, y ajouter *L'Abécédaire* et *Les Pourparlers* de Gilles Deleuze ?

Je n'avais guère prêté attention à Victor jusqu'ici. Mais son intervention, aussi pertinente qu'inattendue, éveilla mon intérêt. Je remarquai que lorsque les autres parlaient, il était pris d'incontinence nerveuse ; il remuait fébrilement les doigts, ou alors son pied, indépendamment de lui, s'agitait en saccades, comme s'il exécutait un solo de percussion. Et quand il ne gigotait pas, Victor, mine de rien, regardait par instants de tout côté, comme s'il se sentait épié.

On me l'avait présenté comme un jardinier amateur à la retraite – qualification que Maylis, plus tard, me prenant à part, devait rectifier : « Amateur, c'est trop peu dire. Vous devriez voir son jardin : tracé au cordeau, dans un ordre strict et militaire, un style enrégimenté, sans jamais la moindre mauvaise herbe, comme si, autrement, il pouvait y avoir là pour lui un péril. Victor a été comptable toute sa vie, dans la même entreprise, et je crois bien qu'il comptabilisait en même temps tous ses actes, pesait ses pensées et tenait ses désirs en laisse. On l'a toujours connu vivant seul. Il cultive son jardin et se cultive l'esprit ; il est peut-être le plus érudit d'entre nous, un véritable bibliophage curieux de tous les sujets, se lançant sur toutes les orbites possibles et inimaginables. De surcroît, ajouta Maylis, un collectionneur de boules de sulfure et un vrai mordu d'opéra.

Dans l'intervalle, Jean-René, l'avocat, avait cité le marquis de Sade en manière sans doute de provocation (mais ce n'était pas sûr), puis il en était revenu à ses écrivains de prédilection, Céline, Cioran et Thomas Bernhard :

— Il y a, tant pour l'écrivain que pour son lecteur, un plaisir extraordinaire, une vraie jubilation, disons même un bonheur extrême dans la décomposition, le doute méthodique, la *tabula rasa* et les jeux de massacre où l'on fait valser en l'air les institutions, les dogmes, toutes les croyances et même tous les espoirs...

— ... Et, compléta Richard Brars que le propos semblait intéresser, le plaisir ensuite de respirer à pleine mesure, sans plus aucune contrainte, dans un paysage intérieur et extérieur tout à fait désencombré, dépollué, rendu au naturel...

Popaul, qui n'avait encore rien dit de toute la soirée, comme s'il était rattrapé par le temps ou devait lui-même rattraper le temps comme on saute sur le marchepied d'un train en marche, se mit à parler sur un ton alerte et scrupuleux du *Journal d'un séducteur* de Kierkegaard qu'il venait de lire et relire, assurément, pensais-je, pour y trouver des inspirations, des manigances, des stratégies.

Dans cet ouvrage, l'auteur, passé maître dans l'art de la séduction, cambriole le cœur d'une jeune fille, et l'abandonne dès lors que, séduite, elle s'abandonne à lui ; il se rétracte de façon énigmatique, en éprouvant dans la rupture comme une jouissance perverse.

— On a vu dans ce livre, précisa Popaul, une diabolisation de l'auteur par lui-même. Mais ce que, moi, j'y ai trouvé de particulièrement intéressant et instructif, c'est que les ruses du tombeur, ses tactiques subtiles de séduction, y sont dévoilées. (J'avais donc pensé juste.)

Tous les regards étaient tournés vers lui. C'était comme s'il était sous le feu des projecteurs, et même sur une estrade imaginaire, tel un comédien fortement inspiré, à déclamer des phrases qui l'avaient frappé, les citant pêle-mêle de mémoire :

« Une mauvaise conscience peut rendre la vie intéressante. » – « Un moyen très utile pour se mettre en rapport avec une jeune fille, c'est de lui prêter des livres. » – « La vie ne se comprend que par un retour en arrière, mais on ne la vit qu'en allant de l'avant. » – « À chaque femme correspond un séducteur. Son bonheur, ce n'est que de le rencontrer. » – « Il n'est pas du tout difficile de séduire une jeune fille, mais d'en trouver une qui vaille la peine d'être séduite. »

Cette dernière maxime, Popaul l'avait dite en lançant à Éliane un rapide regard de défi.

— Par contre, déclara-t-il sur un autre ton, il y a dans le *Journal* des phrases que j'ai trouvées abominables dans l'ambition conquérante que tout homme normalement constitué a de séduire l'élue de son cœur :

« S'introduire comme un rêve dans l'esprit d'une jeune fille est un art, en sortir est un chef-d'œuvre. » – « La condition capitale pour toute jouissance, c'est de se limiter. »

À l'évidence, Popaul, lui, n'aurait aucune envie de se retirer une fois qu'il eût réussi à s'introduire dans l'esprit, le cœur ou même, par quelque voie dérobée, en tout autre endroit du corps de l'aimée – et moins encore de se limiter ensuite dans l'appétit et dans l'ardeur.

— Comme le lierre s'accrochant à l'arbre en plantant ses suçoirs, souligna Bella.

— Quel programme pour la chère élue ! persifla Éliane.

Popaul ne parut pas les entendre, en tout cas s'en formaliser.

Selon son expression, il avait voulu *s'enfoncer* davantage dans Kierkegaard, avait lu d'autres ouvrages de cet auteur, notamment *Le Concept de l'angoisse*, dont il était sorti tout à fait atterré.

— Rien que les titres des premiers chapitres, dit-il, devraient décourager les plus vaillants et les plus audacieux d'entre nous – et auraient dû me décourager, moi en premier, ajouta-t-il, se penchant pour retirer le *Concept* de son sac et l'ouvrir à la table des matières :

« 1. L'angoisse, condition préalable du péché originel et moyen rétrograde d'en expliquer l'origine. 2. L'angoisse considérée dans la progression du péché originel. 3. L'angoisse, conséquence du péché de ne pas atteindre à la conscience du péché. 4. L'angoisse comme salut par la foi...

«J'ai voulu, commenta Popaul, cette lecture comme une épreuve existentielle, une chute dans les affres et les abîmes intérieurs, en me disant que si j'en ressortais indemne...

À voir son air soudain penaud, on pouvait croire que Popaul, lui, n'en était pas sorti sans dommages collatéraux. Cela fit rire ou sourire tout le monde. Une certaine gaieté circula dans le cercle. Les Dupont-Dupond estimèrent que ces prétendus problèmes profonds sont en réalité tout à fait déplacés et absurdes.

— Au diable, les séductions stériles ! s'exclama Robert.

— Et au diable les intrications inutiles ! surenchérit Bertrand.

Bella et Éliane, quant à elles, n'avaient aucune envie qu'on leur fasse renifler l'odeur obsédante du péché, fût-il originel, et moins encore de trouver le salut amoureux en passant par les affres de l'angoisse.

— Fuyons tout enfermement, décréta Victor, sans hausser le ton selon son habitude, et se voûtant instinctivement, les épaules rapprochées, comme pour se protéger de quelque péril imprécis.

Depuis tout un temps, Mehdi s'en allait à la cuisine, revenait au pourtour du cercle pour écouter la suite des propos, puis s'en repartait, toujours de ce pas dansant, alerte, presque capricant qui le caractérise. J'étais assez intrigué : que mijotait-il ? La réponse nous advint bientôt : une odeur ensorcelante nous parvint, nous enveloppant dans son sillage et nous émoustillant les narines, celle d'un vin chaud à la muscade et aux bâtons de cannelle.

À cet arôme-là, comme si on avait jeté impatiemment un sortilège sur l'assemblée, la séance fut levée. Les uns et les autres se réunirent autour de la table aux divers gâteaux, tous voulant goûter à tout. Des petits groupes de deux ou de trois se formaient pour des échanges en particulier. L'avocat en revenait au concept de l'angoisse avec Popaul, lequel gardait un air accablé. Maylis donnait sa recette de sa fameuse tarte au citron, et Bella demandait à Éliane celle de son quatre-quarts. Robert parlait de la difficulté que l'on a aujourd'hui de trouver un plombier, tandis que Bertrand confiait à Victor qu'il avait aperçu des boules de sulfure à la devanture d'un antiquaire de Figeac. Victor l'écoutait à peine, tout en hochant la tête, et regardait de mon côté, avec insistance, comme s'il voulait me parler seul à seul, et m'entreprendre sur quelque sujet obscur qui lui tenait à cœur, mais déjà Richard Brars m'avait pris à part et m'accaparait. Il avait lu quelques-uns de mes livres et se disait « satisfait » de me rencontrer. Aussitôt, il s'était lancé dans une sorte de harangue ou de laïus improvisé, estimant à l'évidence que si nous voulions retrouver le plaisir d'exister, il fallait d'abord dépiéger le présent, rompre avec cette fausse attitude envers la vie qui a été la nôtre depuis le départ, et, en fait, en revenir à la Genèse :

— Comprendre nos mentalités, nos morales, nos politiques et nos mal-être actuels, c'est d'abord comprendre le mythe de création qui nous trempe et nous imprègne depuis dix mille années, cette histoire de paradis perdu qui nous a servi et continue de nous servir de modèle en se proposant, plus encore en s'imposant, à nous. Revisitons-nous, dit-il en riant, à la source fictive, médiatique de ce qui nous hante. D'ailleurs, j'en ai pris mon parti et j'ai rouvert ma bible au chapitre premier. C'est tout à fait édifiant...

Sans transition, Richard me confia qu'il était originaire de Tulle, plus exactement d'un village plus au nord, en bordure du plateau de Millevaches. Dans un bois qui lui venait de sa famille, il s'était bâti « un refuge contre vents et marées », et il y était « le plus souvent possible ». Il m'invitait tout simplement à l'y rejoindre un jour. Le plateau de Millevaches, ce n'était pas la porte à côté, mais l'escapade n'était pas pour me déplaire.

7

À la terrasse des *Trois Galopins*

J'avais passé l'après-midi à observer des notonectes dans la mare que j'ai aménagée au fond du jardin, étonné de les trouver encore en mouvement alors qu'on était aux premiers jours de décembre.

Nommés « guêpes d'eau » pour la piqûre douloureuse qu'ils peuvent occasionner, ces insectes, lorsqu'ils nagent sous la surface de l'eau, virent sur eux-mêmes et progressent sur le dos. Pourquoi ? C'était une nouvelle énigme à résoudre. Je remarquai qu'ils ont le dos convexe et clair, la face ventrale, au contraire, de teinte foncée, si bien que, vus des profondeurs, ils ne se distinguent pas contre la lisière de lumière qui sépare les mondes, et que, vus des airs, le prédateur ne les distingue pas sur la vase du fond. D'où vient à la notonecte cette intelligence pour sa sécurité et sa survie, sinon d'une compréhension subtile et savante du milieu où elle vit et des lois qui y sont en vigueur, certaines lois d'optique, de perspective et de confusion mimétique ?

En fin de journée, fort de ma trouvaille et assez exalté, j'étais descendu en ville prendre un apéritif à la terrasse des *Trois Galopins*. Comme d'habitude, un Picon vin blanc. L'homme qui était à la table voisine m'en fit le compliment, vantant cet apéritif, injustement oublié aujourd'hui, qui eut ses heures de gloire dans les années soixante. Il résolut d'en commander un pour lui-même, et nous nous mîmes à converser, éprouvant assez spontanément une sympathie l'un pour l'autre, sous les auspices du Picon vin blanc.

C'était un personnage assez grand, dégingandé, sec et osseux comme un anachorète au désert, la chevelure d'un brun auburn drue et piquée d'épis qui faisaient tournoyer les mèches en tous sens en conférant à sa figure quelque chose de fascinant. Vêtu d'un pull jacquard, d'un pantalon en velours côtelé et de mocassins parfaitement cirés, il avait le même air énigmatique, anxieux et un peu sournois qu'Anthony Perkins affecte souvent dans ses films.

Presque aussitôt il avait embrayé sur ce qu'il intitulait « les techniques nouvelles par lesquelles l'esprit se réincarne ». C'était à l'évidence pour lui un bon sujet porteur, peut-être même son thème de prédilection.

Selon lui, les technologies nouvelles, loin de s'opposer à la spiritualité, s'universalisent et imposent au monde des modifications magistrales. C'est en elles et par elles que l'esprit que l'on croyait mort trouve à se réincarner, à condition d'assimiler ces techniques de l'intérieur, de les intégrer aux profondeurs de l'instinct. Nous sommes vraiment, disait-il, entrés dans un âge nouveau.

L'écoutant, je me rappelai un passage d'Élie Faure qui m'avait interpellé et que je pouvais presque lui citer de mémoire. Faure parlait de la nécessité de créer par elles (les nouvelles techniques) un automatisme nouveau qui délivre en nous une liberté nouvelle et nous délivre en même temps des infirmités antérieures à son acquisition. « Seul reste fidèle à l'esprit, écrivait-il, celui qui peut abandonner les formes pétrifiées où l'esprit s'est incarné durant vingt siècles, pour aller avec confiance vers les formes embryonnaires qu'il est en train d'ébaucher. »

Mon interlocuteur opina de la tête assez gravement, comme s'il laissait les mots résonner en lui-même, puis, l'air amusé, il me marqua son total assentiment et ne tarda pas à surenchérir.

— Dans une effervescence irrépressible, enchaîna-t-il, notre univers intérieur s'est résolu enfin à de nouvelles projections, à une suite d'éruptions sur le plan sensible autant que sur le plan spirituel, en profitant du développement accéléré des technologies toujours dépassées ou sur le point de l'être. La virtualité a créé ou recréé un univers parallèle. Le Web, c'est l'autre monde retrouvé. Un cyber-espace malaisé à définir et plus encore à se représenter. Le réseau complexe des connexions et des interconnexions apparaît d'une telle richesse diversifiée qu'il semble se substituer au monde mythologique d'autrefois.

Il voyait l'internaute tel un navigateur solitaire, le nomade de l'espace virtuel, un astronaute de l'âme, s'introduisant à chaque fois dans le labyrinthe, à la dérive ou dans une quête précise. Le fil d'Ariane, il n'est pas assuré de le tenir en lui-même (sauf peut-être dans l'aimantation), et c'est presque inconsciemment qu'il garde mémoire des choix, des passages, de tous les aiguillages successifs. Mais tandis que ses yeux restent rivés à l'écran, son corps perd insensiblement sa pesanteur, perd même sa matérialité ; il est devenu un esprit errant, évoluant désormais en temps réel.

J'avais peine à le suivre tant il parlait vite, sur un ton soutenu. Je ne doutais pas qu'il pût s'agir là d'une vision des choses tout à fait intéressante, mais j'aurais voulu en saisir davantage. Je nous commandai deux autres Picon. C'était surprenant d'être là à la terrasse des *Trois Galopins* et d'être embarqué dans une conversation de haut vol.

— Quelque part dans l'atmosphère, poursuivait-il sur un ton de plus en plus lyrique, en un lieu galactique ou peut-être dans l'air même que nous respirons, se tisse un réseau toujours plus inextricable, où nous transférons des quantités phénoménales de connaissances, de possibilités et d'occasions. La conscience semble vouloir aujourd'hui s'incarner en dehors de nous, aménageant autour de la terre circonscrite par les circonvolutions des satellites une sorte de cerveau qui acquiert graduellement une autonomie, et qui s'offre probablement comme le prochain support de la vie intérieure.

« Cet autre monde de l'écran a ses lois, ses termes-clés, ses mots de passe et ses messages. L'ordinateur est éprouvé comme ayant une âme et une anatomie ; il est sujet à des maux, à des erreurs, à de mauvaises manipulations, à des pertes de mémoire, à des perturbations et des virus (par là, relevai-je au passage, il est encore un miroir de nous-mêmes). On peut parler d'animisme technologique, dans l'inclination primitive de prêter aux choses animées comme inanimées une âme analogue à celle qui anime les molécules humaines. Cet animisme par lequel le monde d'aujourd'hui retrouve une magie, et qui fut une religion universelle dans les temps premiers.

« C'est par le Web, conclut-il, que les jeunes générations se détachent radicalement de nos façons périmées de vivre et de voir, se défalquent en se recréant dans la matrice virtuelle, et cela dès avant la puberté. Par cette mutation, ils vont devenir des êtres différents de nous, ils sont déjà ces êtres différents de nous dans le double rapport à eux-mêmes et au monde.

Il s'était tu, apparemment étourdi lui-même par ce long monologue ; il se ravisa et vida son Picon d'un trait. J'avais l'impression pour ma part d'atterrir après un long voyage dans l'espace, me retrouvant à ma table et regardant autour de moi pour reprendre des repères familiers.

J'attendis un temps, puis je lui dis que les développements spectaculaires de la technique ne doivent pas pour autant éclipser les moyens de communication autrement prodigieux, vivants et subtils, dont nous disposons à l'échelle de notre petite personne.

Pour la communication, nous avons d'abord, avant tout et après tout, notre corps, ce petit cosmos baladeur à l'image du monde, et qui contient tout un monde. Nous avons nos sens, nos récepteurs et nos capteurs intimes, notre distillerie clandestine, la parole en partage, des jambes pour tout arpenter, des paumes pour tout éprouver. Les choses enregistrées au gré des expériences ne s'accumulent pas dans notre mémoire à la manière d'objets hétéroclites entassés dans un grenier sous des galaxies de poussière. Elles nous enrichissent en s'ajoutant sensiblement à nous, comme une goutte de vin tombée dans un verre d'eau, qui colore toute la transparence et la transmue. Ainsi, par ce qui nous traverse, nous étonne, nous émeut, sommes-nous constamment, de fond en comble, imperceptiblement modifiés.

Il me regarda presque effaré, ayant plus encore son air Anthony Perkins, jeta un regard rapide à sa montre, et, comme rattrapé prosaïquement par le temps, s'écria :

— Merde ! Et ma femme qui était chez son gynécologue et qui doit être depuis longtemps à m'attendre !... J'espère qu'on ne lui a pas encore trouvé une saloperie, genre kyste aux ovaires ou quelque chose de plus abominable encore...

Le brusque changement de ton me heurta. Mais déjà, il proposait que l'on se revoie pour poursuivre notre intéressante conversation.

— Ce n'est pas si fréquent dans le Lot, dit-il, que l'on trouve quelqu'un à qui parler en toutes affinités.

Nous écrivîmes nos noms et numéros de téléphone sur des cartons de brasserie pour ensuite les échanger. J'appris ainsi qu'il se nommait Stan Hépard, mais lorsque lui découvrit mon nom, il eut comme une secousse électrique qui lui traversa le corps, le visage aussitôt révulsé ; il jeta furieusement le carton par terre et s'en fut sans autre forme de procès. J'en restai estomaqué. Choqué. Interdit. Quelle mouche l'avait piqué ? Qu'est-ce qui l'avait poussé brutalement à réagir ainsi ? Simplement en apprenant qui j'étais.

À l'instant, Jean-René, l'avocat du cercle, débouchait sur la place, m'apercevait à la terrasse du café, alors que Stan s'enfuyait comme s'il avait une horde de furies à ses trousses ou venait de croiser le diable.

— Alors, tu viens de faire la connaissance de Stan Hépard ? dit-il, venant vers moi l'air tout à fait amusé et ramassant au passage le carton lancé par terre.

Je lui rapportai ce qui venait de se produire, sans que j'y comprisse rien. Jean-René me décrivit d'abord Stan comme un être attachant, pathétique, imprévisible, qui se plaît à discourir dès qu'il se trouve un public et qui débite toujours des idées étonnantes, un peu délirantes tout de même, quand il se laisse emporter par ses visions futuristes. Jean-René avait été son avocat dans un litige, une histoire assez compliquée de limites de terrains, et il s'était ensuite comme lié d'amitié avec lui, trouvant le personnage à tout le moins surprenant. Il m'expliqua ensuite que Stan avait au moins deux bonnes raisons de me détester :

— Un, tu es publié et lui ne l'est pas. Il accumule tant de lettres de refus d'éditeurs qu'il pourrait en faire une anthologie mondaine de la rebuffade. Deux, tu parles toujours de nature dans tes livres, tes pages débordent d'arbres, de rivières, de vols d'oiseaux et de fuites de renards roux au soleil couchant. Tout cela doit être pour Stan, comme je le connais, d'un abord tout à fait insupportable. C'est quelqu'un qui a horreur de la nature; la campagne est pour lui un véritable cauchemar, et la compagnie des animaux lui répugne...

— Bon sang, dis-je, mais qu'est-ce qu'il fout ici, alors?

Jean-René m'apprit que Stan avait accepté de vivre dans le Lot par amour pour une femme. Parisien, n'ayant jamais vécu qu'à Paris, il travaillait dans l'informatique de pointe. Sa boîte avait fermé, et il s'était retrouvé en préretraite.

— Après deux divorces, il est tombé amoureux fou d'Élie, une Hollandaise de Gouda, qui, elle, n'aime rien tant que la campagne, la nature, le jardinage, et qui recueille tous les animaux possibles et imaginables; elle vient même, aux dernières nouvelles, d'acquérir un couple de nandous. Alors, tu comprends, en découvrant qui tu es, cela l'a complètement révulsé.

J'enregistrai les deux informations, autant intéressé par le couple de nandous qu'intrigué par les ouvrages jamais publiés d'un auteur inconnu. « Des ouvrages de science-fiction », précisa Jean-René. Bien qu'il n'eût jamais lu une seule ligne de ses manuscrits, il savait ou croyait savoir que Stan procédait toujours par anticipation à partir de spéculations scientifiques pour se lancer à la découverte des univers inexplorés et des mondes parallèles, en distinguant la science-fiction du fantastique qui inclut une dimension inexplicable.

Jean-René décréta qu'on ne devait pas en rester là, sur une cassure bête et brutale, d'autant que je lui avouai que ma conversation avec Stan avait été agréable et que j'avais pris un réel intérêt à l'écouter. Il allait lui parler, le ramener à de meilleurs sentiments et à plus d'ouverture.

— Écoute, j'ai une idée : et si je l'invitais à la prochaine réunion de notre cercle des lecteurs ? Après tout, il n'y a jamais été question de science-fiction et cela pourrait intéresser tout le monde... Tu reprends un Picon ?

8

Histoire de paradis

Lespinas devenait pour moi comme un centre du monde à partir duquel, mes pensées vagabondes s'en allant et s'en revenant en nuées d'oiseaux, se dénouaient des cercles tantôt concentriques, tantôt excentriques. Me rappelant l'invitation de Richard Brars, je l'avais appelé sur son portable et, d'une voix agréable, grave, un peu bourdonnante, il m'avait donné rendez-vous à une trentaine de kilomètres de Tulle, à une croisée de chemins en patte d'oie, au large du village de V., que je pouvais aisément repérer sur la carte.

C'était pour moi une belle opportunité que d'aller revoir le plateau de Millevaches qui s'étend au nord de la Corrèze et déborde sur la Creuse, et qui a toujours exercé sur moi une certaine fascination que je qualifierai de powysienne. C'est un pays de landes, de tourbières, de prairies spongieuses où fleurit la cardamine; les rivières y roulent des eaux transparentes, et le mont Bessou culmine là à près de mille mètres d'altitude.

J'ai toujours eu le goût des escapades improvisées. Il m'arrive de plus en plus souvent de prendre la voiture en fin de jour, de m'en aller dans une direction cardinale et de rouler toute la nuit, dévorant un bon millier de kilomètres, pour me retrouver au petit matin « tout à fait ailleurs » et, comme cela m'est déjà arrivé, de prendre le petit déjeuner au pied de la Sierra de Gredos, dans l'Eifel dont les collines sont autant de volcans éteints, sur les rives du lac Titizee dans le Schwarzwald, au Val d'Aoste, quelque part dans les Asturies ou parmi les îles herbues de la Frise. On ne dira jamais assez la nécessité, par instants, du dépaysement.

À présent que l'Europe s'est ouverte de toutes parts, que s'effacent les frontières où nous étions depuis trop longtemps confinés, et que notre esprit lui-même se désire vaste, le *road movie* n'est plus le privilège des seuls *United States*. Nous avons, nous aussi, nos grands espaces, des paysages tout aussi extraordinaires dans la variété, des possibilités sans nombre de grande distance et de long cours, comme de monter jusqu'au cap Nord ou de dévaler à la pointe de la botte italienne jusqu'à la Grande Calabre, de voyager vers les Tatras de Slovaquie ou vers les Highlands d'Écosse, sans qu'il soit bien évidemment nécessaire de courir aux confins pour se sentir dépaysé ; des pays particuliers, étonnants, envoûtants sont souvent à notre porte ou presque, comme ce plateau de Millevaches, justement. Au lieu dit et à l'heure dite, le grand barbu, vêtu de velours tel que dans mon souvenir, m'y attendait déjà.

Les lecteurs auxquels, après avoir échangé des lettres ou quelques messages sur Internet, j'ai voulu rendre visite, je les ai trouvés dans les endroits les plus divers, que ce soit dans une maison isolée à la campagne, en appartement ou dans un atelier d'artiste, dans un pavillon de banlieue, un squat ou une impasse, à la Villa Seurat ou au dernier étage d'un gratte-ciel. Je me rappelle en particulier la mansarde où vivait un lecteur de mes premiers poèmes avec, suspendu au-dessus de son lit, un grand coq rouge dans une cage dorée en guise de radio-réveil, et le manoir d'un Anglais qui s'était résolu à lire mes livres dès lors qu'ils avaient été traduits pour un éditeur américain. Une surprise de taille m'attendait cette fois encore.

Richard monta dans ma voiture, précisa qu'on n'allait « pas très loin », se gratta la barbe, comme si c'était dans le poil qu'il pouvait déloger quelque chose d'intéressant à dire durant le bref trajet où il me guida, tantôt à gauche, tantôt à droite, à travers une résille de chemins forestiers. Il me signifia bientôt de garer ma voiture en bordure d'une chênaie. Ensuite, nous allâmes à pied par un sentier en lacet, lui me précédant, moi dans son sillage, remarquant au passage des oronges et ayant les oreilles étourdies par les jacassements en bruit de crécelle d'une pie babillarde. Nous arrivâmes bientôt dans une clairière, où un étang jouait en miroir et où il y avait une cabane bâtie dans un chêne magistral, sans doute plusieurs fois centenaire.

« Un vrai petit monde enchanté ! » dis-je, et Richard hocha brièvement la tête en guise d'acquiescement, comme quelqu'un revenu de tous les compliments.

Il avait construit lui-même sa « seconde résidence » selon ses rêves et ses plans, en fixant d'abord, expliqua-t-il, des poutres de traverse sur les quatre branches maîtresses, clouant le plancher en ménageant une trappe d'accès, avant de monter les parois et de recouvrir le tout d'un toit en shingle.

On y accédait par une échelle de corde. Richard passa le premier pour me montrer la manière à suivre, monta lestement, disparut tout entier par la trappe puis réapparut en se penchant pour me faire signe d'y aller. Le pied en quelque sorte à l'étrier, je me rendis compte aussitôt que la manœuvre n'était pas aisée quand on n'y était pas accoutumé. Je m'étais élevé d'un mètre à peine lorsque l'échelle de corde vira sur elle-même, commença à se tordre, se tordant toujours davantage quand moi, je me tortillais. Je fus obligé, tant bien que mal, de me lancer dans l'autre sens et de tournoyer sur moi-même pour la détordre. Puis j'attendis un long moment, dans la technique du fil à plomb, sans plus bouger, en m'efforçant de ne pas entendre Richard qui me criait : « Vas-y, mais vas-y donc franchement ! » Je repartis à l'attaque, non pas en y allant franchement, mais très graduellement, sans faire de mouvements brusques, pour empêcher la corde de se tordre à nouveau. Enfin, sans trop savoir comment, assez en sueur et en proie à des vertiges au ventre, je parvins tout en haut, Richard me tendant la main pour me hisser finalement d'un trait à travers la trappe.

Je fus bien récompensé de mon effort passablement héroïque car l'intérieur de la cabane était une vraie merveille. Richard s'était attaché aux travaux dits de finition, avec des bois de différentes essences – épicéa, douglas, mélèze, hêtre et châtaignier – et avait réalisé un assemblage décoratif par incrustation et par placage, jusqu'à obtenir une unité fascinante dans la diversité des teintes, des motifs et des matières, une vraie marqueterie ! Au sud, il avait découpé une fenêtre dotée d'un volet et d'un mécanisme de fermeture, avec une poignée en bois sculptée en forme de petite sirène.

Le tronc de l'arbre passait au centre, tel un axe du monde, et Richard me dit que si l'on collait l'oreille contre l'écorce au printemps, on percevait la circulation des sèves.

Sur moins de quinze mètres carrés habitables, il y avait là, bien que rudimentaire, tout le confort nécessaire : des toilettes sèches, un coin cuisine, une douche, et, contre la paroi du nord, un de ces canapés transformables que l'on nomme clic-clac, recouvert d'un lot de couvertures en désordre qui, tout à coup, se mirent en mouvement, à remuer en tous sens et à s'entrouvrir brusquement : apparut alors un être charmant, une petite femme gracieuse et un peu rondelette, qui venait de s'éveiller, et que Richard me présenta comme sa compagne (de toujours ou du moment?). Elle avait pour prénom Danielle, mais il la surnommait

Petite Ourse, parce que, souffla-t-il en se penchant rapidement vers moi, elle était fort velue.

Petite Ourse, gracieuse et court vêtue, s'ébroua, s'étira fort joliment, puis déclara qu'elle avait faim, et proposa de faire des crêpes à sa façon, accompagnées de thé vert ou de cidre brut, Richard optant plutôt pour un coteaux-du-layon, ce qui n'était pas pour me déplaire.

J'eus alors l'attention attirée par un texte accroché dans un cadre à la paroi, une sorte de calligraphie, en lettres d'un jaune doré sur un fond bleu d'icône. Intrigué, je m'approchai pour lire :

> Au contraire du regret obsédant
> d'un éden perdu,
> de surcroît par notre faute,
> le paradis serait-il plutôt
> une nostalgie de l'avenir ?
> Ou, mieux encore,
> un désir impérieux du présent,
> une manière de ravissement,
> quand le miracle n'est jamais
> ailleurs qu'en nous-mêmes.

Dans un court-circuit, interloqué, il me semblait reconnaître la manière que j'ai, ou du moins que j'avais à une certaine époque, de construire mes phrases.

— Mais oui, c'est bien de toi, dit Richard à l'instant où je me retournais vers lui. Un extrait que j'ai pêché dans *La Reconquête du présent*, et que Petite Ourse a calligraphié, je trouve, à merveille. C'est ce texte-là qui m'a donné l'idée de rouvrir une bible au chapitre de la Genèse.

Richard était retourné au paradis, dans le jardin d'Éden, du côté du Levant, pour démêler cette histoire absurde de la faute originelle, de la chute et de l'acte d'exclusion.

— La vie, dit-il, y était insouciante. Le genre de vie que la plupart rêvent pour leurs vacances ou dans la chance d'un tiercé gagnant. La vie à ne rien faire, le loisir continu. Les arbres produisaient en abondance des fruits contenant chacun leur semence spécifique : il suffisait de cueillir. Ne rien faire même, sinon cueillir. Le père Adam était dans cette félicité d'indifférence, en un paradis qu'il n'avait pas conquis et n'avait rien fait pour mériter. Quelque part dans son esprit, et que son esprit s'efforçait constamment d'éviter : l'attrait de l'interdit, le reflet du fruit défendu.

« Un fleuve sortait d'Éden pour arroser le jardin et se partageait en quatre bras sur le monde. Il est à remarquer que le paradis se situait quelque part entre le Tigre et l'Euphrate, précisément en terre d'Irak, livrée aujourd'hui à l'intervention démocratique américano-romaine, au terrorisme et à l'intégrisme religieux. Récemment nous avons balancé des bombes sur le paradis redevenu un enjeu quand il détient en grande partie les quarante dernières années de l'or noir dans ses tréfonds.

« Revenons au père Adam. Il s'ennuyait, nous dit-on, au jardin. C'est une chose stupéfiante : comment pouvait-on s'ennuyer dans un paradis ?

« À la réflexion, poursuivait Richard, on s'ennuie

par routine, parce que plus aucune nouveauté ne survient. On s'ennuie aussi bien parce qu'on manque de contact avec soi-même. On s'ennuie enfin parce que l'on éprouve un manque. Mais éprouver un manque, autre chose d'indéfini à désirer, n'est-ce pas déjà sortir un peu de l'ennui ? Le dieu lui-même trouva qu'il n'était pas bon que l'homme restât seul et il conçut le dessein de lui créer une aide qui lui fût assortie.

Petite Ourse, ayant préparé sa pâte à crêpes et la laissant reposer, était revenue s'asseoir près de nous, avec l'air d'une enfant vaguement captivée par l'histoire.

— Le dieu, reprit Richard, fit tomber l'homme dans un profond sommeil ; il lui retira une côte, referma subtilement l'endroit pour que l'opération ne laissât aucune trace. De cette côte, le dieu fit une femme, et il la présenta à l'homme qui rouvrait les yeux. Adam, dit le texte, la reconnut justement comme l'os de ses os et la chair de sa chair.

« Note, fit-il remarquer, qu'il y a dans cette scène un mythe de l'origine de l'anesthésie ou de l'hypnose, plus encore un mythe de l'origine de la chirurgie ; et peut-être faut-il y voir également l'inspiration du clonage, qui n'aurait pas réussi à reproduire l'homme à l'identique mais aurait en revanche, par un ratage heureux, produit un être différent et merveilleux. Plutôt que de clonage, un généticien parlerait alors de mutation, et ce serait encore mieux : la femme est en mutation, dans une tradition où l'on va toujours du signe moins vers le signe plus.

« Bien, dit Richard en claquant la langue. Venons-en à la chute originelle. L'homme et la femme sont nus, sans en ressentir aucune honte mais surtout, sans s'en apercevoir ni en avoir conscience – précisément : sans le savoir. Tentée par le serpent, la femme, voyant que le fruit de l'arbre de la connaissance était appétissant d'aspect et précieux pour ouvrir l'intelligence, en prit, en goûta et en offrit à son compagnon. Ils virent alors qu'ils étaient nus, étonnés, déconcertés, gênés par leur réalité charnelle ; ajustant ensemble des feuilles de figuier, ils s'en firent des ceintures. Le dieu les surprit ainsi et comprit aussitôt qu'ils avaient goûté au fruit défendu car autrement qui leur aurait révélé qu'ils étaient nus ? Comment en auraient-ils eu conscience ? Ne pas en avoir conscience, était-ce là le motif de l'ennui paradisiaque ? La femme en remit la faute sur le serpent que le dieu maudit entre tous les animaux qu'il avait créés. Le mythe engendre une dynamique de culpabilité.

— Moi, dit Petite Ourse, ce que j'aurais aimé savoir, c'est si Adam et Ève, avant de goûter au fruit défendu, faisaient déjà l'amour par plaisir, faisaient déjà l'amour en toute innocence, sans que la chose portât à conséquence ?

Richard la regarda en souriant, avec une aménité étrange dans la figure, puis se gratta de nouveau la barbe avec conviction, tandis que Petite Ourse retournait à la préparation de ses crêpes, faisait rissoler des quartiers de pommes à cidre saupoudrés de sucre brun, de girofle et de cannelle, dont l'odeur, bientôt, se répandit en lacis dans l'espace exigu où nous étions. Pour ma part, j'étais assez épaté par ce que Richard avait le don de déloger derrière les mots et toutes les scènes articulées du mythe, mais ce qui allait suivre devait davantage encore me séduire.

— Pour ce qui est du paradis, dit-il, voilà, je crois, ce qu'il importe de saisir par rapport à nous-mêmes : il s'agit moins d'un lieu que d'une disposition d'esprit. Lorsque Adam et Ève sont chassés du paradis, ils ne sortent pas du lieu : ils en sont intérieurement exclus. Détachés, dissociés, ils ne font plus corps avec le monde, ne sont plus même au monde mais dans une vision cosmogonique négative des choses. Les voilà en exil dans leurs propres existences, pétris de culpabilité, l'esprit marqué par le bannissement. C'est leur condition humaine qui vire du tout au tout, dans ce même lieu-paradis du temps libre et de l'innocence amoureuse devenu lieu du non-paradis, de la connaissance et de la chute, de l'acte sexuel circonscrit désormais à la procréation, sans parler du travail obligatoire en guise de châtiment. Pervertis dans l'âme, nous avons même fait de ce châtiment une vertu ; nous avons été littéralement déportés de l'intérieur : par quelle porte dérobée sommes-nous passés ?

« Dix mille années se sont écoulées, enchaîna Richard, et voilà que le temps est à la nouveauté, à la réconciliation et à l'invention allègre d'autre chose. La femme n'a plus à enfanter dans la douleur. Par la contraception, nous sommes désormais en mesure de séparer l'acte sexuel de la procréation et de rendre au plaisir sa dimension libre et insensée. Et pour ce qui est du travail obligatoire, les nouvelles technologies et la robotisation permettent aujourd'hui de s'affranchir enfin du châtiment et de viser un programme de désemploi progressif.

«Dès lors, conclut-il, le paradis est en voie de reconquête, en même temps qu'il s'agit de se reconquérir soi-même, de se réinvestir dans ses fibres, de retrouver souffle et vertige d'être, et de reprendre présence dans le présent. Dans cette disposition d'esprit, des portes s'ouvrent ou se révèlent ouvertes de toutes parts, sans doute ouvertes de toujours, celles-là, d'autres qui pourraient être celles-là, et c'est le grand jeu des combinaisons possibles, des idées entre elles, des désirs entre eux, le grand jeu des alliances, des amalgames et des connexions, au profit d'une culture composite qui n'a pas encore trouvé son nom.

— Maintenant, tu as assez parlé, décréta Petite Ourse, place à la dégustation...

Elle nous servit ses crêpes aux pommes, dans leur heure de gloire d'être des crêpes aux pommes, toutes dorées, flambées au kirsch, d'un arôme subtil et ensorcelant, tandis que Richard se mettait en devoir de déboucher le coteaux-du-layon. Le soleil passant par la fenêtre découpée au sud nous enveloppait tous les trois dans une nappe lumineuse, loin du monde ordinaire des hommes, dans cette cabane en haut d'un arbre qui n'était pas et ne serait sans doute jamais l'arbre de la connaissance du bien et du mal.

9

Téléportation

Comme nous nous installions sur les bancs alentour de l'âtre, Maylis annonça que nous aurions ce soir un invité surprise, mordu de science-fiction, et qui ne jurait que par la science-fiction, un genre littéraire qui n'avait jamais été abordé dans le cercle, et qui pouvait à tout le moins « susciter notre curiosité ». Cet hôte de marque, Jean-René devait l'amener avec lui ; ils avaient seulement un léger retard – ce dont il ne fallait pas vraiment s'inquiéter, car l'avocat n'était jamais « tout à fait à l'heure ». Dans l'attente, et même contre toute attente, les conversations s'étaient déliées sur le thème, Robert et Bertrand estimant que la science-fiction contemporaine avait eu ses précurseurs dans la littérature classique.

C'était la dernière réunion du cercle avant les fêtes de fin d'année. Un vent froid soufflait sur les hauteurs, s'accrochait en geignant aux corniches et s'infiltrait même furtivement, par endroits, à travers les murs. En manière de réconfort, Mehdi nous avait mijoté un couscous tunisien au collier d'agneau :

— Il n'y aura qu'à réchauffer en temps voulu, dit-il.

Déjà Robert avait évoqué l'*Histoire véritable* de Lucien de Samosate, *L'Histoire comique des estats et empires de la Lune*, de Cyrano de Bergerac, et *La Découverte australe par un homme-volant,* de Restif de la Bretonne. Richard Brars y ajouta au passage *La Navigation de saint Brendan à la recherche du paradis* – une fameuse escapade dans l'au-delà ou du moins, par-delà les frontières du monde connu, dont les péripéties assez exotiques l'avaient autrefois passionné, précisa-il en lançant vers moi un bref regard complice.

Bertrand enchaîna avec *Micromégas,* le conte de Voltaire où il relate la visite de la Terre par un être venu de Sirius et son compagnon, le secrétaire de l'académie de Saturne. Sans lui laisser le temps d'en dire davantage, Robert parlait de Wells et de *La Machine à remonter le temps,* grâce à laquelle un explorateur audacieux parvient dans un monde près d'un million d'années avant notre ère, où vivaient les Eloïs, androgynes doux et simplets, se nourrissant de fruits comme dans le jardin d'Éden. Robert avait oublié la plupart des épisodes, excepté celui où l'explorateur se liait d'amour avec une des Eloïes.

De Wells, Victor préférait cependant *L'Homme invisible* – ce qui me parut s'inscrire dans une ambition personnelle et la recherche d'une stratégie pour lui-même. Maylis regardait par instants sa montre et, plus anxieuse, semblait trouver anormal que Jean-René et son invité ne fussent toujours pas là.

Éliane fit alors comme une diversion en rappelant que Mary Shelley avait créé Frankenstein ; les femmes n'étaient donc pas en reste dans le genre. Quant à Bella, elle venait de lire *L'Ève future*, de Villiers de l'Isle-Adam, qui raconte l'histoire d'un homme amoureux d'une femme d'une grande beauté mais qui se désespérait de la trouver dotée d'un esprit futile et médiocre. Il confiait son désarroi à son ami, le savant Thomas Edison, lequel se mettait en devoir de lui créer une créature mécanique, parfait sosie ou fidèle réplique de sa bien-aimée, mais dotée, elle, d'un esprit subtil et d'une sensibilité à fleur de peau. Edison lui avait donné corps grâce à son savoir technique mais, précisait Bella, pour lui insuffler une âme, il avait dû recourir au spiritisme et à la métempsycose. Popaul la considérait d'un air stupéfait, la bouche entrouverte, comme si résidait en cela une énigme dont la solution pouvait avoir des répercussions sur lui-même.

Victor, qui avait toujours le don de dénicher des œuvres oubliées ou méconnues, nous apprit que Rosny Aîné n'était pas seulement l'auteur bien connu de *La Guerre du feu*, mais qu'il s'était plu tout un temps dans le voyage sidéral et la fréquentation des extraterrestres, créant notamment le terme « astronaute » dans le roman des *Navigateurs de l'infini*. Il cita ensuite rapidement les *Démons et Merveilles* de Lovecraft, et les œuvres de Ray

Bradbury, Stanislas Lem ou Isaac Asimov. Mais, de son avis, le plus intéressant restait *Dune*, la grande saga de Frank Hebert, où un roi exerce un pouvoir féodal grâce à une épice, un puissant stimulant cérébral qui permet de développer d'étonnantes capacités psychiques et de s'éveiller à la prescience. Écoutant les uns et les autres, j'étais pour ma part tout à fait ahuri, épaté et même effaré de découvrir tous les livres que ces gens avaient lus, et il me semblait avoir besoin de cette épice, justement, pour rattraper un retard livresque considérable. Maylis se leva. Une voiture venait de se garer dans la cour, les phares éblouissant les fenêtres.

Dans la perspective d'être confronté à Stan depuis la conclusion assez fâcheuse donnée à notre rencontre aux *Trois Galopins*, je m'étais, dans l'appréhension, préparé et comme programmé intérieurement; j'étais dans la disposition d'esprit de celui qui a compris qu'il doit n'être orienté que vers l'autre, lui manifestant un intérêt et posant des questions appropriées. Mais cette tactique allait s'avérer tout à fait inutile, car, dès que Jean-René fit entrer Stan dans la pièce, celui-ci m'ignora, comme si je n'existais plus à ses yeux ou n'étais plus désormais qu'un membre parmi d'autres à l'intérieur du cercle.

Il tenait à la main une grosse valise bien bouclée, à la manière d'un voyageur de commerce, d'un marchand ambulant ou d'un prestidigitateur à domicile.

Pendant que Jean-René le présentait comme un être surprenant, féru de science-fiction, et plus encore innovateur dans un registre « où la science permet à l'imagination de se débrider davantage et d'anticiper sur le présent », Stan se tenait un peu en retrait. Non pas en nous faisant franchement face, mais orienté de côté, de guingois, toujours avec son air Anthony Perkins, avec cependant, me sembla-t-il, quelque chose de plus dans les yeux, comme un amusement un peu pervers ou une espèce de dédain.

Mais alors que nous pensions avoir droit à un exposé sur la science-fiction contemporaine, Stan avait tout résolu autrement, réglant sa prestation dans le détail et, en quelque sorte, en la préméditant. Tout en restant debout, il s'était remis à discourir, sur un ton assez précipité, les yeux extasiés ou égarés.

Selon lui, la communication contemporaine est devenue, jusqu'à l'obsession, la grande mythologie orgueilleuse du temps présent, et plus encore du temps réel. Elle se complète désormais d'une sorte de prestidigitation : le tour est épatant, les liens s'éclipsent, les fils s'évanouissent comme au sortir d'une cicatrisation, les câbles disparaissent qui nous reliaient par voie aérienne ou souterraine. Les programmes et les messages sont désormais transmis à travers l'espace et le temps en ondes d'amplitudes variées grâce au relais des satellites, par lesquels tout nous vient ou nous revient du ciel. Stan y voyait la nouvelle mystique des mécréants. Nous (en tout cas, moi) n'étions pas assurés de bien le comprendre. Mais sa voix avait quelque chose d'envoûtant.

Il avait débouclé sa valise et s'était mis à en sortir, avec des gestes mesurés, circonspects et précis, en les disposant sur une table de côté, une série de maquettes de forme ovoïde, moulées en une matière qui semblait être du plexiglas, surmontée chacune d'un petit panneau solaire. Nous nous étions tous levés, approchés de la table, tout à fait intrigués. À l'intérieur des cabines, que l'on distinguait bien à travers la transparence, il y avait un cadran mobile comme de téléphone mais dans une conception design plus futuriste, et un écran plat, qui était sans doute, bien que je n'en eusse jamais vu, celui d'un visiophone.

Stan expliqua que c'était là des cabines de téléportation. Un mot de son invention, et une trouvaille qu'il estimait lui-même assez exceptionnelle et dont il pensait tirer le meilleur parti dans le nouvel ouvrage de science-fiction qu'il avait entamé. Selon lui, dans un avenir proche, le portable serait remplacé par la téléportation. Les technologies toujours dépassées ou sur le point de l'être permettraient le transport personnel, il voulait dire : le déplacement réel en temps réel de la personne. C'était stupéfiant. Hallucinant. À l'entendre, la téléportation allait devenir le mode de transport absolu, à la vitesse même de la lumière.

— Il suffira, dit-il, de composer un numéro ou, si l'on n'a pas le numéro ou que l'on reste indécis quant à sa destination, d'allumer l'écran géant du GSM tactile, et de pointer du doigt l'endroit où l'on veut se rendre, pour y être aussitôt transporté à travers l'espace et le temps, en se jouant de tous les murs et toutes les serrures, en véritable passe-muraille du futur. La plupart des moyens de transport qui sont les nôtres aujourd'hui tels que la voiture, le train ou l'avion se révéleront alors parfaitement inutiles et obsolètes. On en viendra même à concevoir et construire des cabines de téléportation de grande dimension pour y introduire plusieurs containers à la fois, et les expédier à travers toute la planète. Les marchandises voyageront à travers l'espace et le problème des carburants ne se posera plus. On en aura fini une fois pour toutes avec les crises pétrolières qui font chanceler les Bourses de New York ou de Tokyo, et avec toutes les guerres ignobles pour s'approprier les derniers gisements de l'or noir dans les entrailles de la terre.

— Mais le transport sera-t-il bien réel, sera-t-on vraiment physiquement transporté, ou cela restera-t-il du domaine du virtuel ? s'intéressa Mehdi, légèrement inquiet.

Il pensait à des déplacements fictifs, à une invention fonctionnant indépendamment de la structure physique et logique, et simulant la réalité par des images de synthèse, comme si l'on était alors sous l'effet d'une drogue, d'un narcotique ou d'une hypnose, si bien que tout ce qui allait être vécu serait en réalité rêvé. Mais Stan n'en démordait pas : les frontières de l'invraisemblable allaient être une fois de plus repoussées par la science et il s'agirait bien de transport réel, de déplacement physique, de locomotion corporelle.

C'était exaltant. C'était passionnant. Chacun, reprenant à son compte cette idée révolutionnaire de téléportation, ne pouvait s'empêcher d'extrapoler et d'en multiplier les possibilités. Popaul estima que le prodige était avantageux en amour, fort pratique pour les amants impatients de se rejoindre ou de créer la surprise. Éliane et Bella s'effrayèrent alors de voir un intrus, pis, un indésirable, débarquer chez elles à l'improviste, alors qu'elles étaient, par exemple, dans la salle de bains.

— En tout cas, dit Robert, la chose s'avérerait bien commode au quotidien : pour se rendre à son travail, à l'école, à l'université, à la bibliothèque, au supermarché, à la piscine, au spectacle, à sa maison de campagne ou à ses lieux de vacances.

— On voyagerait désormais à moindres frais, surenchérit Bertrand, et il n'y aurait plus d'immigrés victimes de la cupidité des passeurs quand les frontières pourraient être si aisément franchies. Ce serait l'ère de la fluidité, de l'humeur volatile, des limites à jamais disparues. L'Islandais plongé l'hiver dans la nuit noire s'expédierait quelques jours à Tahiti pour y faire provision de soleil, tandis que le nomade du Sahel se transporterait instantanément avec son troupeau vers de verts pâturages.

— Par acquit de conscience, reprit Robert, on irait vérifier sur place la juste réalité des infos du journal télévisé. Sans parler de la facilité que nous aurions désormais à voyager dans la galaxie, visiter les planètes inconnues et les mondes parallèles, cheminer autour des cratères de la Lune, éprouver l'attrait réel de Vénus, côtoyer les petits hommes verts de la planète Mars, ou encore organiser le prochain marathon olympique sur les anneaux de Saturne.

Stan nous considérait, toujours en retrait, l'air satisfait, bien qu'il s'efforçât de ne rien en laisser paraître.

Tout à coup, Victor se rendit compte qu'il y avait un revers à la merveille idéale :

— Si, dit-il, la téléportation permettait de se rendre à la vitesse de la lumière où l'on veut, jusqu'aux confins du monde, et par-delà, en revanche les autres – n'importe qui, en fait – pourraient aussi bien faire irruption chez vous, en composant simplement votre propre numéro. On verrait débarquer brusquement chez soi les indésirables, la police, l'inquisiteur, l'inspecteur des impôts, les représentants de commerce, et le harcèlement sexuel, l'agression ou le viol n'en seraient que plus aisés. Comment, dès lors, faire pour qu'on ne vous envahisse pas, sinon en s'inscrivant sur une liste rouge qui protégerait votre intimité ? Il faudrait donc à tout cela des règles, une éthique, une civilisation.

— Et si l'on faisait une mauvaise manipulation, une erreur de numéro ? s'inquiéta Mehdi. On serait précipité instantanément chez quelqu'un ou quelqu'une qu'on ne connaît pas ; cela pouvait être une rencontre fortuite bien agréable, mais aussi bien tout à fait déplaisante, si l'on se retrouvait dans une déchetterie, au milieu d'une casse de voiture, d'une émeute de banlieue ou d'un cercle de consanguins ardéchois. Nous n'aurions alors que la ressource de nous précipiter sur le combiné des autres et de composer notre propre numéro pour rentrez illico chez nous. Enfin, si tout se passait au mieux...

— On peut imaginer pire, intervint Jean-René, si la téléportation tombait entre les mains de gens peu scrupuleux, sous un régime fascisant, qui transformeraient le prodige en télédéportation : on viendrait vous chercher chez vous pour vous précipiter dans une de ces cabines ovoïdes, peinte pour la circonstance en couleur de wagon à bestiaux ; un cerbère tout à fait sinistre composerait le numéro à votre place et vous vous retrouveriez aussitôt derrière des barbelés, sous le feu de projecteurs portés sur des miradors, avec des chiens qui clabaudent furieusement, à grands jets de salive entre les crocs... et on vous entraînerait après une rapide visite médicale vers un four crématoire, sans qu'aucune voix salvatrice rompe tout à coup le cauchemar en criant : « N'est-il pas l'heure de servir un verre de vin à tout le monde ? »

Cela fit rire les uns et les autres. À l'exception de Stan, et à celle de Victor qui gardait un air obscur et soucieux, lui qui se voulait toujours tatillon et pragmatique dans la compréhension des choses.

— Du seul point de vue technique, dit-il, la téléportation, il me semble, n'est réellement possible que si on est désintégré instantanément dans la cabine pour ensuite se réintégrer tout instantanément dans le lieu où l'on arrive.

Stan hocha brièvement la tête pour signifier qu'il avait tout compris.

— Mais si la machine avait des ratés, hein? s'alarma Victor. Désintégré, on ne trouverait plus jamais à se réintégrer nulle part...

— Pourquoi pas une errance de poussières dans l'éternité? proposa Mehdi.

C'était un bon mot pour la fin.

10

Le passage

Comme nous arrivions dans la forêt, un vol de ramiers traversa la futaie en claquements de linge sec qui semblaient en même temps nous résonner dans la poitrine. Le soleil d'hiver était d'un bleu minéral, sans grand nuage, et, sous l'effet d'une averse récente, les lichens gris argent avaient gonflé à l'écorce des branches dépouillées, en ajoutant une substance enchantée.

— Nous-mêmes ne sommes jamais que de passage, dit Mehdi à l'instant où le vol de ramiers disparaissait à notre vue, en nous laissant brièvement un vide étourdissant entre les tempes.

Il était venu m'aider à rentrer mon bois de chauffage, à le brouetter par des sentes frayées dans la broussaille vers la charrette attelée à un tracteur qu'un voisin me prêtait. Cela allait devenir un rendez-vous convenu entre nous, un rituel à reconduire d'année en année, une période fixée par avance dans les éphémérides, en veillant toujours à ce que la tâche ne devînt jamais une corvée ou que la corvée ne cessât d'être un plaisir. Nous emportions une bouteille thermos de café arrosé de rhum, pour des arrêts fréquents, des intervalles ou des pauses, sous le porche de la forêt devenant un parloir, assis sur une banquette de mousses ou dans la fougère, à deviser de choses et d'autres, et à fumer nos pipes, déliant des volutes de fumée bleuâtre qui tardaient à se dissiper autour de nous.

J'avais observé qu'aux réunions du cercle, Mehdi se montrait toujours discret, effacé mais empressé, tel un personnage œuvrant en coulisse, soucieux que tout se passât bien, et se chargeant le plus souvent de l'intendance, du choix des vins de pays tels le marcillac-vallon, le coteaux-de-glanes ou les vins du Fel, et même de la cuisine, comme à la dernière séance où il nous avait servi *son* couscous au collier d'agneau dont nous nous étions régalés, à l'exception de Stan qui s'était déclaré végétarien, et cela sur un ton supérieur, intransigeant, militant et même sectaire. L'inventeur de la téléportation (encore que je devais apprendre plus tard que le terme avait déjà été employé au XIXe siècle par Robert-Houdin, l'illusionniste, créateur d'automates, considéré comme le père de la magie moderne) ne s'était nourri que de bouillon, sans grande quantité, et sans grand plaisir, assez dépité, je crois, que l'on ne s'intéressât plus à lui, bien que Jean-René s'efforçât de reporter l'attention vers lui et de le faire parler d'« autres prodiges futuristes de son invention ».

Le vol de ramiers avait été l'occasion d'un thème. Il n'en fallait pas davantage à Mehdi pour se lancer sur le motif, discourir à propos du passage, avec cette manière subtile, élégante et complexe qu'il a de démêler les idées, de les diversifier, d'ouvrir de toutes parts des sentiers d'exploration, passant d'une discipline à l'autre, de tel point de vue à tel autre, comme si tout jouait alors à l'intérieur d'un kaléidoscope où des combinaisons différentes créaient de nouvelles figures, voire de nouveaux concepts.

— La vie est passage : c'est l'évidence même, dit-il. Non seulement parce que l'existence s'inscrit dans des limites temporelles, mais avant tout parce qu'elle est passage de la matière à la vie et du retour de la vie à la matière. Ce qui a fait dire à Jünger que nous sommes sur terre des « permissionnaires ».

« De la naissance à la mort, des langes au linceul, nous *passons.* Notre présent devient incessamment du passé, et nos actes et nos pensées s'accumulent dans la mémoire avant que l'on puisse saisir, comme à la faveur d'une barre d'addition ou de soustraction, ce que signifie leur somme. Nous voilà passants, passagers, clandestins pour certains, à visage découvert pour d'autres, et, pour quelques-uns d'entre nous, passeurs.

« Ce qui m'intéresse dès lors, c'est de savoir comment on franchit les frontières, qui n'existent peut-être d'ailleurs qu'en nous-mêmes, comment on passe d'un état à un autre, d'une vie à l'autre ou d'une rive à l'autre. Et plus encore, de saisir ce qui se passe en nous quand on passe. Devenir autre chose, c'est en quelque sorte se dépasser, et trépasser, ajouta-t-il en riant, c'est même passer outre, sans aucun retour ni aucun recours possible. On passe par-delà, si, bien sûr, il y a un par-delà...

Quelques rasades de café au rhum, quelques ronds de fumée en plus, et nous étions repartis à la besogne, brouettant toujours avec entrain, une certaine diligence et une coordination dans les gestes, disons même une allègre complicité. Le soleil commençait à décliner sans dévier de sa course, en allongeant les ombres sous les affolements bleus d'un vent coulis dans les arbres. Sans qu'il fût nécessaire d'y réfléchir, les mouvements s'accomplissaient sans nous et nous laissaient l'esprit libre ; nos idées ne cessaient pas de se démêler entre elles, comme au-dedans d'un essaim en continuelle extension.

À une nouvelle pause, Mehdi parla du passage d'une culture à l'autre, d'une langue à l'autre, de la question de la transgression dans le dépassement des limites, « et pour l'écrivain que tu es, et pour le lecteur que je suis, dit-il, le passage d'un mot à l'autre, d'une phrase à la prochaine, d'une page à la suivante, d'un passage à lire en ouvrant le livre au hasard »...

Il s'intéressa ensuite à toutes sortes de formules, d'expressions, de locutions, telles que : droit de passage, passage interdit, passage protégé, passage de la ligne, passage à gué, saisir une occasion au passage, sans oublier le prix du passage, le passage à tabac et le passage à vide, le passage à l'acte et la passade en amour, la passation même de pouvoir.

— Il conviendrait, dit Mehdi, de reprendre ces expressions « courantes » une à une, pour comprendre ce qu'elles signifient vraiment, concrètement ou disons pratiquement, et en même temps quel avantage fertile elles peuvent offrir à la réflexion, et même quelles répercussions elles peuvent avoir sur le plan intérieur, dans la compréhension que nous pouvons avoir de la vie. Tu avoueras que le « passage à vide » est tout de même un événement sidérant, et plus encore, sans doute, une épreuve essentielle.

Nous étions encore repartis à la tâche. Comme nous nous aventurions plus profond dans le bois, je montrai à Mehdi des traces que des sangliers avaient laissées en fouissant du groin dans la terre à la recherche sans doute de glands déjà enfouis ou de racines alléchantes. Notre entrain ne s'émoussait pas et la charrette fut bientôt suffisamment chargée.

Pour notre dernier répit de la journée, il ne restait plus de café, et nous avions seulement rallumé nos pipes, assis au même endroit sur notre banquette de mousses, soufflant des ronds de fumée pour aborder, en géographie comme en géologie, le passage des frontières naturelles, le fleuve ou la montagne à franchir, le marais à contourner, le sentier à se frayer dans le taillis, les goulets d'étranglement dans les grottes et les cavités du sous-sol, sans oublier les voies de communication tracées par l'homme, chacune ayant son moment de passage :

l'écluse, le passage à niveau, l'échangeur ou le rond-point.

Cessant de l'écouter, sa voix restant pourtant en sourdine, je me voyais à l'instant de la traversée d'un fleuve, et c'était presque une révélation quand, dans l'existence, nous avons à passer à autre chose, d'une forme de vie à une autre forme de vie, d'une époque révolue à une ère nouvelle qui n'a pas encore trouvé son nom : la rive que l'on quitte figure le passé qui nous tire en arrière, nous empêche de prendre présence dans le présent, et nous rappelle à lui par une assurance de confort et de sécurité familière face aux aléas de l'avenir. L'autre rive, c'est l'avenir presque immédiat, justement, un monde inconnu. Notre époque est celle d'un grand passage, et nous voilà dans la traversée, bravant les courants contraires, allant tantôt de l'avant, tantôt revenant en arrière, portés, emportés, déportés, pris dans des turbulences, et cherchant à éviter les tourbillons, comme si d'invisibles ballerines, figurant un vrai péril attrayant, venaient tournoyer en surface.

En fin de journée, alors que Mehdi était parti, Éliane m'appela au téléphone; elle m'invitait à prendre le thé chez elle et voulait me faire rencontrer une amie, Marie-Ange, dont l'auteur de prédilection était Julien Gracq.

— Pourquoi ne vient-elle pas aux réunions du cercle ? demandai-je.

— Assurément, répondit Éliane en riant, parce qu'il n'y serait pas invariablement question de

Gracq. Marie-Ange a voulu me faire lire ses livres. Je n'ai pas voulu la peiner, mais franchement, je l'ai trouvé imbuvable, prétentieux, sans jamais le moindre trait d'humour. Se prenant, je crois, très au sérieux, se tenant sur des hauteurs inaccessibles au commun des mortels et nous fourguant des phrases alambiquées, mais au fond sans avoir rien à nous dire d'intéressant. Tu ne le trouves pas chiant, toi ?

— Pas nécessairement, dis-je.

À peine avais-je raccroché que le téléphone sonna à nouveau. Cette fois, c'était Bella. Je lui trouvai une voix plus claire, allègre et mélodieuse que dans le souvenir que j'en avais. Intriguée par *Les Enchantements* de John Cowper Powys dont j'avais parlé à la dernière séance du cercle, elle avait voulu se procurer le livre ; il n'était plus disponible en librairie et c'était en vain qu'elle l'avait cherché d'occasion sur Internet ; elle me demandait de le lui prêter. Je lui répondis que c'était avec plaisir. Je devais même voir dans ma bibliothèque s'il ne m'en restait pas un deuxième exemplaire, celui-là à lui offrir, car il fut un temps où lorsque je dénichais un livre qui m'exaltait, j'en acquérais toujours plusieurs exemplaires à distribuer à la ronde, comme cela avait été le cas pour *La Haute Route* de Chappaz, *Le Sanatorium au croque-mort* de Bruno Schulz ou *La Danse sur le feu et l'eau* d'Élie Faure.

— Et à part ça ? dit Bella.

Je la devinais en veine de converser et lui parlai de mon après-midi au bois avec Mehdi, de nos conversations tournant autour de la question du passage.

— Pour moi, dit-elle, l'idée du passage est lié à une lecture d'enfance. J'avais un livre qui me fascinait plus que tous les autres, une sorte de conte fantastique où des enfants jouaient dans un grenier et s'apercevaient soudain qu'en regardant par la lucarne, ils voyaient un paysage qu'ils ne connaissaient pas. Ce n'était plus le jardin ordinaire qui s'étendait sous les fenêtres de leur maison, mais la lisière étincelante d'une forêt enchantée. Un paysage inconnu où tout en eux les portait à s'aventurer. Ils décidaient de *passer* par cette lucarne et se retrouvaient dans un autre monde.

«Je ne me rappelle plus ce qui leur y arrivait, quelles péripéties, quelles aventures étaient les leurs, mais ils y retournaient souvent, éprouvant à chaque passage le frisson de franchir une frontière interdite ou de passer à travers un miroir qui perdait aussitôt son tain. Et ce n'était pas seulement pour s'y réfugier quand quelque chose n'allait pas, quand ils éprouvaient des tourments ou des chagrins ou se sentaient déçus, profondément déçus, effrayés, affolés, en découvrant le genre de vie machinale, étriquée et déprimante qu'on leur promettait ici-bas. Je crois bien, compléta Bella, que la déception est le sentiment qu'on éprouve le plus intensément dans l'enfance. On va même de déception en déception, en découvrant le monde des adultes le plus souvent fait de chicaneries, de lâchetés, de disputes absurdes et de rêves désertés.

Comme s'ils mouraient avant l'heure. Ce qu'il y a de plus horrible : la mort dans la vie.

« Chaque fois que les enfants revenaient de la forêt enchantée, ils avaient grandi.

« Au cours des années, reprit Bella après un temps, leurs escapades dans l'autre monde s'espaçaient, jusqu'au jour où ils découvraient que la lucarne ne s'ouvrait plus, ne jouait plus comme un mécanisme d'illusion. Le conte se terminait ainsi.

— C'est vraiment une histoire étonnante, dis-je, et terrifiante par certains côtés. La perte de toute magie quand on sort de l'enfance... comme une fatalité...

— Je n'y ai pas vu ce côté terrifiant, dit Bella. Au contraire. J'ai compris que par la lecture on pouvait aller ailleurs, voyager dans l'espace et le temps, se glisser dans la peau des personnages, voir par d'autres yeux, à la faveur d'autres appétits ou d'autres passions, se créer en soi-même un univers parallèle, sans pourtant se couper du réel et de tous les impondérables du quotidien. Un sage chinois a dit que notre vie en ce monde n'aura servi à rien si nous n'avons su nous créer notre propre monde.

11

Un amour caché de Julien Gracq

Éliane vivait dans une maison de village fort quelconque mais avait su créer, derrière une façade affreuse, un bel espace intérieur, en faisant abattre les cloisons et aménager une grande verrière de laquelle la lumière naturelle tombait en ayant des reflets sur le parquet vitrifié dont j'admirai l'enchevêtrement fort réussi des lames et des lattes en losange. Tout le mobilier semblait avoir été acheté chez Ikea, la table ronde au dessus de verre fumé et ses quatre chaises en rotin, le grand divan blanc moelleux et la série de poufs. Un vélo d'appartement près de la verrière. Une suite d'étagères à claire-voie, chargées notamment d'une collection de grenouilles, d'une chaîne stéréo, d'une petite télévision à écran plat, d'une collection de CD et DVD, et, évidemment, d'une multitude de livres parmi lesquels je repérai assez rapidement *Les Enfants de la violence,* tandis qu'Éliane s'était éclipsée à la cuisine pour surveiller un gâteau aux noix qu'elle avait au four.

Je fus assez surpris de trouver, aux côtés des ouvrages *strictement* littéraires, des livres sur le yoga, l'aquagym, le développement personnel, l'horoscope chinois, la vie secrète des plantes et la vie possible après la mort. Me penchant ensuite vers la table du salon, où sont généralement, à portée, les lectures en cours, je n'y vis que des livres de voyage :

Expédition en Alaska de John Muir, *Captifs en Barbarie* de Giles Milton, *Les Bagages enregistrés* d'Evelyn Waugh, *Journal du Missouri* de John James Audubon, *Les Guerriers nus* de Christian Bader, *Le Tour du monde d'un sceptique* d'Aldous Huxley, et les *Voyages aux îles du Grand Océan* de Jacques-Antoine Moerenhout...

— Popaul vient de m'en faire cadeau, dit Éliane, revenant de la cuisine. Je crois qu'il est sorti pour de bon de Kierkegaard et de toutes les épreuves existentielles du *Concept de l'angoisse.* Tu ne le reconnaîtrais pas. Il s'est lancé dans la littérature des voyages et des grandes explorations, et s'habille désormais tout autrement. Il a débarqué chez moi vêtu d'un ensemble couleur sable et tabac, qui semblait avoir été choisi dans les pages « chasse » « ou « safari » du catalogue de La Redoute. Une véritable métamorphose, même si on peut penser que le moi profond d'un être reste à jamais inchangé, à la manière d'un fonds de commerce...

L'écoutant, il me semblait la découvrir, elle, pour la première fois. La trentaine, les cheveux coupés court à la garçonne, des yeux d'écureuil et un nez joliment retroussé, l'allure déliée, sans se départir d'une liberté un peu insolente. Elle était habillée d'un survêtement de détente, composé d'un sweat-shirt et d'un pantacourt assez ample d'un rose fuchsia, avec des chaussettes à la maille aérée et des tennis d'un jaune sable. Comme je lui en faisais le compliment, elle me dit qu'elle ne pouvait rester tout le temps plongée en apnée dans les livres (Éliane était bibliothécaire), et qu'elle se plaisait aux activités de plein air et à la gymnastique en salle. (Ce fut seulement alors, mon regard glissant sur elle, que je remarquai ses mollets bellement musclés.) Elle donnait l'impression d'être sans problèmes, sans complexes, et il semblait bien que les exercices aux agrès, à la barre et au trapèze lui avaient conféré, en même temps qu'un corps d'une extrême souplesse, l'esprit dégagé de ceux qui préfèrent en toute circonstance la flexibilité à la fixité.

— Marie-Ange ne devrait plus tarder, dit-elle, repartant encore à la cuisine, et moi me remettant à circuler, poursuivant mon petit inventaire.

Entre deux étagères, j'eus le regard alerté par une photographie d'elle, Éliane, nue sur une plage des Landes à proximité d'un arbre rejeté par la mer. Comme elle réapparaissait et me voyait penché sur son image, elle me lança : « C'est ma religion. » Éliane était par ailleurs une adepte du naturisme et je remarquai qu'elle était en matière de religion d'une pilosité exceptionnelle.

Je demandai si son amie n'était pas, elle aussi, une adepte du naturisme et s'il n'y avait pas là quelque photographie d'elle qui me permît, par avance, de mieux faire connaissance. Cela fit rire Éliane, qui d'ailleurs, en fille saine, spontanée et pour tout dire *immédiate*, riait aisément de tout; elle était en tout cas le style de fille que l'on ne risquait pas de croiser dans toute l'œuvre de Julien Gracq.

On sonna à la porte et elle s'en fut ouvrir. J'entendis bientôt une voix féminine résonner dans le corridor d'entrée; la visiteuse s'exprimait comme une Parisienne du XVe arrondissement, sur un ton délié, à l'aise, assez affecté sans être désagréable.

Éliane fit les présentations : « Marie-Ange, Jean-Pierre », « Jean-Pierre, Marie-Ange ». Bien qu'elle fût vêtue d'un tailleur et d'un grand foulard de prix qui lui couvrait à demi les épaules, je trouvai la nouvelle venue physiquement à mon goût, fort différente d'Éliane, comme on le constate souvent chez des amies, se complétant merveilleusement grâce à des caractères opposés, si bien qu'il faudrait toujours les aimer, et sinon les aimer, du moins les apprécier ensemble.

Marie-Ange avait surtout une bouche un peu boudeuse à la Caroline Cellier, avec cet ourlet émouvant de la lèvre supérieure qui a toujours exercé sur moi une sorte d'ensorcellement.

— Je nous ai fait un gâteau aux noix, dit Éliane, et je pensais le servir avec un thé fumé, à moins que vous désiriez autre chose...

— Mais non, un thé fumé, c'est fort bien, répondit Marie-Ange, se tournant vers moi et m'entreprenant abruptement : Éliane m'a prêté certains de vos ouvrages et je tiens à vous dire que j'ai trouvé vos livres assez insupportables. Surtout ceux que vous avez consacrés aux rites amoureux du monde animal. Je n'ai pas assez d'adjectifs pour vous dire combien je trouve haïssable de prêter des sentiments aux animaux. Il y a des limites à ne pas franchir, et vous les franchissez avec une audace déraisonnable. Vous ne manquez pas d'une certaine qualité d'écriture; à mes yeux, c'est pire encore; car, enfin, tout ce talent me semble développé à mauvais escient.

«J'ai parcouru aussi votre *Petite tribu de femmes* : on se demande où vous êtes allé chercher cette étudiante niaise dépeinte comme un vilain petit canard, cette vieille paysanne décrépite tout à fait stupide, et cette petite fille effrontée qui mériterait d'abord une bonne fessée.

Cela débutait mal. Éliane, gênée, confuse, embêtée, ne savait plus où se mettre. Quant à moi, en pareilles circonstances, je ne songe jamais à me défendre; ce serait permettre à l'autre de revenir à la charge avec de nouveaux arguments, plus acérés encore, et on n'en finirait plus. Si on ne riposte pas, il s'émousse. Il a craché son encre et il reste ensuite tout un temps sans plus savoir que faire de lui-même. C'est donc plutôt amusé que j'observai Marie-Ange, comme j'avais observé en leur temps mes chers carabes dorés ou mes lucanes cerfs-volants.

— De toute manière, intervint Éliane, pour Marie-Ange, il n'y a que Julien Gracq. C'est son dieu, à ses yeux le dernier des grands écrivains... bien qu'à titre posthume...

Je demandai ce qu'elle appréciait tant en lui.

Mais tout, elle aimait tout, avait tout lu, avait tout relu, l'œuvre était inépuisable, et Marie-Ange s'en trouvait fort comblée, si bien que les autres écrivains, par contraste, lui paraissaient bien fades et secondaires, à l'exception toutefois des grands auteurs du passé que Gracq fréquentait de façon privilégiée dans un « réseau de communication secrète » à travers les *Lettrines*.

Je répondis seulement que je lui préférais Ernst Jünger de qui parfois, injustement selon moi, on le rapprochait. Marie-Ange ne l'avait pas lu, mais savait par contre qu'il admirait *énormément* Gracq...

Dans l'intervalle, Éliane avait servi son gâteau et son thé fumé dans un joli service de porcelaine blanche liseré de bleu. Ce thé fumé dit de trois ans fut pour moi une vraie découverte ; ce breuvage-là, d'un beau vert amande, me rasséréna en semblant, au besoin, rétablir une transparence intérieure

— Mais dis-lui, Marie-Ange, relança Éliane, que tu as été longtemps en correspondance avec lui, et mieux qu'en correspondance, d'ailleurs...

Marie-Ange la regarda, soudain en arrêt, sur le qui-vive, interdite, comme sur un seuil qu'elle ne s'autorisait pas aussitôt à franchir.

— Mais enfin, insista Éliane, tu as rencontré Gracq plusieurs fois et il t'a même emmenée en week-end en Bretagne, je ne sais plus dans quel endroit perdu, et tout récemment, sur la Loire, à la recherche de cet affluent méconnu qu'il appelle les « eaux étroites »...

— Entre parenthèses, dis-je, il en a tiré un très beau livre.

Marie-Ange me fut reconnaissante de ce trait-là. Elle s'autorisa enfin à parler de cette relation sous-entendue amoureuse :

— Selon Julien (elle l'appelait Julien), je vous le cite de mémoire : la vie est ainsi faite qu'à des moments le plus souvent inattendus, imprévisibles, nous subissons tous et chacun des attirances. Que serait d'ailleurs la vie sans ces attraits, ces engouements soudains ou progressifs qui jouent comme des sortilèges, tantôt sur un mode passager, tantôt, comme par exception, sur un mode permanent, d'un désir qui défie alors les usures du temps ?

« Julien m'expliqua longuement – je regrette de ne pas avoir pu tout noter après coup – que ces attraits semblent fluctuer au hasard et dépendre de champs magnétiques ; ils surviennent à la faveur des courants d'affinités et de la libre combinaison des êtres entre eux. Tantôt, ce sont les sens qui sont troublés ; tantôt, c'est le cœur ; et tantôt encore, c'est tout entiers que nous sommes aimantés quand le désir lui-même n'est d'abord qu'un plaisir imaginé. La morale est de ne pas refuser les invites que la vie nous fait, les occasions qu'elle nous ménage, les hasards qu'elle produit et les rencontres qu'elle arrange parce qu'une part au moins de nous-mêmes y est préparée.

— Il vous a vraiment dit des choses pareilles ?

Je n'en revenais pas. J'en restai abasourdi, éberlué, admiratif. Il est vrai qu'il ne m'était jamais venu à l'esprit que Julien Gracq pût avoir en secret une telle vie aventureuse. Je n'y avais jamais songé, voilà tout. Son côté professeur de lycée, tel qu'il apparaît sur les rares photographies que nous avons de lui, n'incite pas vraiment à le penser.

— Je vous vois étonné, dit Marie-Ange, mais Julien nous a tout de même fait l'aveu qu'un écrivain a besoin de certains excès pour mener son œuvre à bien.

— Et vous êtes, si j'ose dire, l'un de ses excès?

Marie-Ange ne releva pas, et continua de se dévider de manière exaltée. C'en était inquiétant. J'échangeai un rapide regard avec Éliane, qui semblait s'alarmer aussi de voir son amie ainsi s'emporter.

— Je pourrais vous en dire bien davantage, poursuivit Marie-Ange. Un jour, Julien m'a cité je ne sais plus quel auteur qu'il a plus ou moins en estime et qui a dit que les femmes au lit font ce qu'il est nécessaire pour qu'un homme ressemble à la plupart des hommes.

— Et c'est ce que Julien n'aurait pas voulu que vous fassiez de lui?

— Bien sûr que non. Comment oser même le supposer? Avec lui, le côtoiement est toujours d'exception. Julien ne vous dit jamais que des choses intéressantes; il vous élève, je dirais même qu'il vous transcende, vous dit et vous fait ce qu'il est nécessaire de dire et de faire pour que vous vous sentiez à jamais différente de toutes les autres femmes. J'en ai dit assez, j'en ai même déjà dit trop. Après tout, c'est notre secret...

— Tout de même, dis-je, c'est intrigant. Je vous assure que si la chose se savait, elle ferait sensation dans le monde littéraire qui aime à se repaître de ce genre d'indiscrétions. Vous n'allez pas nous laisser sur notre faim ?

— Malheureusement si, décida tout à coup Marie-Ange. Des obligations plus terre à terre m'appellent et je dois vous quitter...

Dès qu'elle fut partie, Éliane m'expliqua que, bien sûr, il ne fallait pas en croire un seul mot. Marie-Ange était mariée à un fonctionnaire amène mais sans relief, duquel elle avait eu trois garçons boutonneux, assez exaspérants, qui ne se plaisaient avec leur père que dans les jeux vidéo. Alors, elle s'épanouissait à part soi dans le fantasme littéraire, s'était aménagé une vie parallèle, imaginé une existence fictive qui l'aidait à supporter son quotidien ou à le compenser à la manière d'un rêve éveillé.

— Je l'aime beaucoup, dit Éliane, c'est peut-être même ma meilleure amie, mais je la vois et la prends comme elle est : une mythomane, portée à la fabulation ; ce qu'elle ne vit pas et voudrait vivre, elle l'imagine de toutes pièces. Déjà au collège, elle s'inventait des amis d'exception, des voyages mystérieux, des relations avec des hommes plus âgés... Il fallait toujours que ce qui lui arrivait fût extraordinaire... Quant à sa liaison avec Gracq, je compris que rien n'était vrai un week-end où elle m'avait dit être avec lui. Justement, ce samedi-là, je l'ai aperçue en ville sans qu'elle-même me voie, et le lundi matin elle était chez moi à me raconter avec force détails leur week-end en Sologne, me décrivant même de quel veston en tweed et quel pantalon en flanelle il était habillé, et me citant des phrases qu'il lui aurait dites, et qui étaient sans doute des passages qu'elle avait appris par cœur dans ses livres. Voilà toute l'histoire. Vraiment pathétique, non ? Je trouve qu'elle méritait d'avoir une tout autre vie, bien réelle celle-là, et d'abord un autre mari, plus exaltant. À part ça, sais-tu que Julien Gracq s'appelait en réalité Louis Poirier ?

Comme j'opinais de la tête, Éliane nous fit alors cette conclusion :

— On a beau dire, mais avoir eu une relation privilégiée avec Julien Gracq, cela vous avait tout de même une autre allure que de faire l'amour avec un Louis Poirier...

12

La vie aventureuse avec une tante

— Quelqu'un d'entre vous, demanda Richard Brars, aurait-il lu *Le Paradis retrouvé* de Halldór Laxness, le Prix Nobel islandais, et pourrait-il me dire quel... ?

Nul ne l'écoutait. L'intérêt des membres du cercle s'était porté sur Popaul que l'on ne pouvait manquer de trouver changé ou différent, non pas comme s'il eût changé radicalement d'identité ou d'apparence, au point que personne n'aurait pu désormais le reconnaître, mais comme s'il était passé à une autre étape de son développement personnel. Une clarté étrange s'exhalait de sa figure, et il avait les prunelles dilatées de ceux qui ont traversé les grands espaces et les territoires du vent.

Lui qui se tenait toujours en retrait, à demi plié sur lui-même, comme oppressé ou se sentant sans cesse menacé, les yeux tantôt affolés, tantôt figés de stupeur, s'exprimait désormais avec une espèce de fébrilité joyeuse et d'entrain. Il s'était lancé dans la littérature des voyages, des grandes explorations, des plongées corps et âme dans l'inconnu.

— Ainsi, dit-il, par la voie des livres, j'ai voyagé ces temps-ci dans les Nouvelles-Hébrides, parcouru la route de la soie, franchi le passage du Nord-Ouest, vécu parmi les tribus kirghizes dans la steppe sibérienne de Michel Strogoff, ou chez les Indiens Cayapos du Mato Grosso, pour parvenir ensuite au cœur des Himalayas avec Alexandra David-Neel, me lancer à la recherche *Des Monts célestes aux sables rouges* en compagnie d'Ella Maillart, et, avec la même Ella, m'aventurer vers les *Oasis interdites.*

C'était devenu là son commerce aventureux avec le monde entier. À l'écouter, je comprenais ou croyais comprendre qu'il ne vivait pas toutes ces expéditions simplement par procuration, comme le ferait un voyageur immobile décrivant des périples dans le périmètre de sa chambre ou mieux encore dans l'espace entre les tempes, mais qu'il avait *vraiment* accompagné en pensée tous ces aventuriers et ces explorateurs, dans le ressenti des émotions, le partage des épreuves et des expériences, des découvertes d'exception comme des déconvenues.

Bella, qui était à son côté, remarqua qu'il portait au poignet, avec une ostentation presque superstitieuse, une grosse gourmette en argent. La portait-il de toujours sans qu'elle l'eût remarqué, ni elle ni aucun membre du cercle, ou cette gourmette était-elle un nouvel ornement, nul d'entre nous n'aurait su le dire.

— Mais tu t'appelles en réalité Pol-Émile !... dit Bella, marquant la surprise en lisant le prénom qui y était gravé.

Il expliqua sans impatience que sa tante Augusta, avec laquelle il vivait, lui avait fait présent de cette gourmette, non pas à sa communion solennelle, comme c'est généralement le cas, mais à l'obtention d'un diplôme en sciences économiques pour lesquelles, à vrai dire, il n'avait jamais eu et n'avait toujours aucun goût.

On estima que se nommer Pol-Émile avait une tout autre allure, un prestige certain, d'autant que c'était là le prénom d'un explorateur célèbre de l'Arctique, qui pouvait figurer désormais pour lui un saint patron. Curieusement, à dater de cet instant, personne dans le cercle ne s'autorisa plus à l'appeler Popaul, le diminutif étant par nature réducteur et assez bête, d'une familiarité déplacée ou d'une affection niaise.

C'était, par ailleurs, la première fois que Pol-Émile nous parlait de sa tante. De lui, nous ne savions pas grand-chose, sinon qu'il travaillait dans une administration *quelconque* (le mot était de lui). Pol-Émile avait mis un voile sur sa vie intime. C'était intrigant.

Comme pour créer une diversion, Mehdi fit remarquer que la tante n'avait pas manqué d'avoir son importance tant à l'écran qu'en littérature.

— Beaucoup d'entre nous, dit-il, se souviennent sans doute d'avoir vu ou revu sans déplaisir le très farfelu et revigorant film de George Cukor intitulé *Voyages avec ma tante*...

Maylis rappela que c'était leur tante maternelle qui avait élevé les sœurs Brontë et les avait éveillées à l'écriture romanesque, et que c'était tante Léonie qui avait offert au jeune Marcel Proust la petite madeleine qui semblait par avance contenir toute la *Recherche du temps perdu*. Bella, pour sa part, parla de *La Tante et le Scribouillard* de Mario Vargas Llosa. Quant à Robert et Bertrand, qui ne juraient que par les classiques, ils nous apprirent l'importance affective de la « tante de Dampierre » pour Brantôme, l'auteur des *Dames galantes*.

— Le cas le plus récent et spectaculaire, intervint Jean-René, est assurément celui de Thomas Bernhard, qui vécut dans une ferme fortifiée en Haute-Autriche avec une femme rencontrée dans un sanatorium, de trente-sept ans plus âgée que lui, et qu'il appelait « ma tante » ; on sait, de l'aveu même de l'auteur des *Maîtres anciens*, qu'il aimait se moquer d'elle, la « torturer par les mots », et qu'elle ne se vexait jamais.

Toutefois, par ce que Pol-Émile nous en dit ce soir-là, la relation qu'il entretenait avec sa tante ne paraissait rien avoir à envier à Proust, aux Brontë ni à Thomas Bernhard, l'un des auteurs fétiches de Jean-René. Elle avait sa particularité, son originalité propre, son rythme et sa mesure, sa belle extravagance, et ses événements de vie le plus souvent étonnants.

Nous n'avons pourtant jamais saisi clairement quels rapports il cultivait avec cette tante mystérieuse, et nous n'avons jamais cherché à éclaircir ce point par une question directe ou une suite de questions un peu sournoises. Il est bien que chacun conserve son secret, sa zone d'ombre, comme un camp retranché dans l'âme, une résidence de l'intimité. C'est le secret personnel qui nous aimante et donne à notre vie sa pleine et riche dimension. Le révéler à quiconque, même et peut-être surtout à la personne qui nous est le plus proche, ce serait sans doute se mettre soi-même en péril et perdre irrémédiablement toute magie ou tout attrait à ses yeux.

Ce soir-là, dans le cercle, sans entamer toute réelle intimité, Pol-Émile avait paru se réunir en lui-même, et, l'air doux et grave, parfois amusé quand il nous voyait amusés, nous avait rapporté une succession d'anecdotes, comme des épisodes accessoires détachés en feuilles libres d'une grande histoire qui nous resterait à jamais inconnue, et parmi lesquelles j'ai retenu celle du perroquet, de la douleur fantôme et de la blague à tabac.

La tante avait fait, au marché aux oiseaux, l'acquisition d'un perroquet gris du Gabon, et elle lui avait choisi une grande cage dorée, estimant qu'une cage n'est jamais assez belle à notre regard, bien que l'oiseau n'ait assurément pas cette exigence esthétique. Mais aussitôt la cage rapportée dans l'appartement et placée dans un angle, le perroquet leur avait résolument tourné le dos. Pensant que son petit protégé avait besoin d'être amadoué, elle s'était mise à siffler sur tous les tons et à lui adresser toutes sortes de tendres mots, sans que le perroquet voulût jamais en démordre.

— C'était insupportable, avait commenté Pol-Émile, et d'autant plus insupportable qu'un perroquet vous a une présence presque humaine.

— Quelqu'un qui vous tourne continuellement le dos, avait confirmé Éliane au passage, c'est offusquant ; on le ressent comme un affront, une offense personnelle, un outrage permanent qu'il ne nous semble pas devoir mériter.

Voyant sa tante désespérée, Pol-Émile avait mis la cage au milieu de la pièce, sans plus de succès car dès qu'ils tournaient autour, l'oiseau tournait pareillement dans le même sens. Ils s'étaient donc résolus à s'en défaire et avaient trouvé un acquéreur en la personne d'un antiquaire, qui revint chez eux quelques jours plus tard, tout à fait révolté et au comble de l'incompréhension, disant que le perroquet lui tournait continuellement le dos. La tante s'en étonna vraiment : « C'est sans doute, dit-elle, que vous lui déplaisez souverainement... », sans proposer cependant d'en faire le rachat.

Depuis toujours, en tout cas depuis que Pol-Émile vivait avec elle, la tante prétendait avoir perdu un doigt lorsque, jeune fille, elle avait travaillé tout un temps dans un atelier de filage ; une de ses mains avait été prise dans le mécanisme et un doigt avait été sectionné. Elle en était tant persuadée que c'était devenu pour elle une stricte réalité.

— Et moi, avait précisé Pol-Émile, j'étais tout disposé à accepter les excentricités de celle que je chéris plus que n'importe qui au monde.

Les jours de grand froid, la tante se plaignait d'avoir mal à ce doigt disparu. C'est ce que l'on nomme, dans un certain jargon, la « douleur fantôme », pour aussi ahurissant que cela puisse paraître. Il n'est pas rare d'entendre que des gens que l'on a amputés d'un membre continuent d'avoir mal à ce membre-là. Alors, Pol-Émile saisissait ce doigt manquant (autant, bien sûr, que faire se peut) et le frictionnait avec de l'alcool ou une lotion de lavande. La tante s'apaisait graduellement. Lui, de son propre aveu, n'était pas fâché de ce contact-là, et ils se remettaient ensuite à lire ensemble des livres de voyages.

Parmi d'autres propriétés, la tante fumait toute la sainte journée, non pas des cigarettes toutes faites achetées en paquet de vingt ou vingt-cinq, mais des cigarettes qu'elle roulait elle-même, savamment entre les doigts, avec du tabac naturel qu'elle parfumait tantôt à l'aspérule odorante ou à la violette, tantôt au rhum et aux écorces d'orange, dans une jolie blague à tabac, en cuir souple de Russie. Un jour, la blague disparut, volatilisée. La tante était pourtant assurée de l'avoir laissée, comme de coutume, sur la petite table jouxtant son fauteuil. Ce fut pour elle un vrai drame, pire que si le ciel s'était effondré ou que la terre se dérobait sous ses pieds. Elle chercha sa blague partout, en vain. Longtemps après, ouvrant une armoire où elle n'allait que rarement, elle retrouva sa blague à tabac que des souris avaient emportée (au prix de quels efforts ?) pour y faire leur nid, la tante s'émerveillant à la vue d'une petite tribu de souriceaux. À ce signe-là, elle avait compris qu'elle ne devait plus rouler ses cigarettes, et elle s'était mise à fumer le cigarillo.

Laissant s'écouler un long silence, Pol-Émile s'était ensuite renfrogné, fuyant nos regards, comme remué encore douloureusement par des événements inhabituels.

— C'est, jeta-t-il abruptement, que ma tante a eu une aventure avec un homme.

Un jeune déménageur était venu leur livrer un nouveau réfrigérateur et elle s'était aussitôt entichée de lui, ce qui, précisa-t-il, était incompréhensible de la part d'une femme tellement raffinée, toujours occupée par des pensées subtiles. Il en restait consterné.

Pol-Émile, soit dit en passant, m'avait toujours semblé un être asexué, et, le regardant ainsi affligé, la pensée me traversa que, d'une certaine manière, la vie avec sa tante, quelle qu'elle fût, le dispensait lui-même de tout commerce charnel avec une personne du beau sexe, ou même de son propre sexe. Et cela bien qu'il eût cherché naguère des stratégies dans le *Journal d'un séducteur*.

Avec une ferveur d'adolescente, la tante Augusta avait fugué durant huit jours, qui lui parurent une éternité, et au terme desquels elle réapparut tout émaciée, les joues creuses, flageolant sur ses jambes, Pol-Émile s'empêchant sans doute de penser et, pis, d'imaginer le genre de séances qui avait pu provoquer cet amaigrissement suspect. Elle ne dit pas un mot sur ce qu'avait été son aventure vécue, mais, établissant un curieux rapport et un raccourci entre cette passade-là et le genre de littérature de voyages qu'ils affectionnaient désormais, elle déclara qu'aujourd'hui il n'y avait plus rien à découvrir et que plus aucune aventure n'était possible. À ses yeux, tout, en n'importe quelle partie de la planète, avait été trouvé, piétiné, exploré, exploité...

— Peut-être, intervint Victor qu'on n'entendait plus guère dans le cercle, n'y a-t-il plus d'aventure possible dans les lointains, mais il nous reste à explorer la proximité : sortons de chez nous et le monde proche nous demeure en majeure partie inconnu; il y a mille expéditions à entreprendre dans le voisinage immédiat.

Saisissant cette idée, je proposai un challenge plus extraordinaire et plus malaisé à réussir que *Le Tour du monde en quatre-vingts jours* : un périple parisien qui partirait du 83, boulevard Saint-Germain pour aboutir au 83, boulevard Saint-Michel, avec une centaine d'euros en poche...

— Rien de plus aisé, dit Pol-Émile en riant nerveusement, croyant que je me moquais de lui : il y en a pour moins de vingt minutes à pied et avec les cent euros, je pourrais m'offrir en route un déjeuner assez somptueux...

Mais je n'avais pas tout dit des conditions du défi :

— Du 83, boulevard Saint-Germain au 83, boulevard Saint-Michel, avec cent euros en poche, mais en trois cent vingt-trois jours...

Les yeux de Pol-Émile s'écarquillèrent à l'excès, la bouche bée devant la gageure énorme, réalisant tout éberlué la démesure du défi et s'imaginant à la place du héros, qui devrait trouver chaque jour à se nourrir, chaque nuit à se loger, monter dans les étages, descendre dans les caves, solliciter sans cesse l'hospitalité.

— Pourquoi, s'exclama Richard Brars en se tournant vers moi, ne nous écrirais-tu pas ce livre-là ?

13

Giboulées, bons livres et cartes postales

Les jours se détachaient à la diable du calendrier. L'éphéméride s'effeuillait à toute force. On était à la mi-mars et le temps, comme de juste, était aux giboulées. Le ciel virait soudainement au noir, pesait sur la terre comme la panse d'une bête ; le monde baignait dans des clartés d'apocalypse. Le vent se levait alors de l'autre côté des collines, dévalait les pentes, s'engouffrait dans les combes en hurlant, arrachant des branches, disloquant les pierres des murets, et des pluies drues ou des chutes de grésil s'abattaient sur le pays. Puis, dans un retournement tout aussi subit, le ciel revenait à l'embellie, des lumières radieuses faisaient étinceler en féerie les gouttes de la dernière averse.

Ces phénomènes atmosphériques, qui s'articulaient dans une humeur cyclothymique, avaient une influence sur nous, une répercussion sur nos états d'âme ou ce que l'on pouvait appeler le « lieu intérieur ». Les uns s'en dépitaient, tout à fait éprouvés, les autres s'en ressentaient soulevés d'allégresse.

La réunion du cercle eut lieu en dépit du temps. Ce n'était tout de même pas des giboulées qui allaient empêcher le plaisir que nous avions à nous retrouver. Derrière ses contreforts, Lespinas, dans sa salle de séjour, restait une oasis, un petit monde oublié du monde, une ambiance faite de quiétude, d'entrain et de camaraderie dans la proximité du feu. Les flammes dansaient leur sarabande sur les braises rougeoyantes et, quand le vent descendait bas dans la cheminée, des bouffées de fumée s'échappaient, flottaient, s'étiraient, dérivaient, jusqu'à former comme une nappe de sainteté au-dessus de nos têtes.

Éliane et Bella s'étaient, de concert, chargées de ce qu'elles nommaient la collation; elles nous avaient mijoté un choix de crêpes, les unes fourrées aux champignons et au hachis d'agneau, les autres au mignon de porc en lamelles et au gingembre, au poulet et aux endives braisées, d'autres encore fourrées au fromage et aux échalotes, au boudin noir et aux pommes confites – tout cela avec des réussites inégales. Mehdi avait servi ses vins de pays, et Victor, de qui l'on n'attendait pas pareille initiative, nous avait tous surpris en préparant un vin chaud aux épices.

— Ce ne sont pas nécessairement les « bons livres », dit Maylis, ceux que nous pouvons estimer être bons parce qu'ils ont une écriture, un style, une épaisseur, une profondeur sous les phrases ou au revers des pages, qui nous font évoluer le plus.

— C'est vrai, dit Bella. À certains moments de notre vie, particulièrement dans l'adolescence, des livres nous frappent plus que d'autres, nous transportent, exercent sur nous un ensorcellement. Par superstition, nous les gardons à portée pour nous y replonger sans cesse ; ils nous passionnent, nous font voir des chemins, des possibilités, des perspectives que nous n'avions pas espérées ou imaginées.

— Pourtant, reprit Maylis, la plupart des livres qui nous ont marqués à une période de notre vie, quand nous les rouvrons des années plus tard, nous reviennent insipides, ternes, indifférents. On se demande comment on a pu les aimer, et tant les aimer. On les croyait inépuisables ou capables de se renouveler sans cesse à nos yeux en nous faisant découvrir des choses que nous n'aurions pas perçues à une lecture précédente, mais notre regard les a épuisés, oui, littéralement épuisés, ou entamés à tel point qu'ils paraissent mutilés, obsolètes, sans plus aucune consistance et sans plus éveiller aucun intérêt.

— Alors, insista Éliane, qu'ils ont tant compté pour nous en correspondant sans doute à une attente et en nous offrant l'ouverture, la réponse, le réconfort dont nous avions besoin.

— Ou alors, dit Jean-René, faut-il penser que c'est notre propre intériorité qui trouve à s'exprimer au gré des pages ? Je veux dire par là que des livres de qualité médiocre offrent peut-être plus que les autres un espace vacant où nous pouvons nous projeter. En nous entichant de tel livre, nous reportons en lui un état de notre âme. C'est alors comme une transfusion dont on ne saisit pas dans quel sens elle opère : si c'est le livre qui nous emplit ou si c'est nous qui l'emplissons...

— Ce n'est donc pas toujours, dit Maylis, revenant à sa première idée, la grande littérature qui nous fait évoluer, mais celle, quelle qu'elle soit, avec laquelle nous sommes en phase à un moment donné. C'est tantôt une histoire ou une intrigue, tantôt un personnage ou une atmosphère particulière qui contient une clé de notre moi, qui se donne comme un passe-partout, un diapason, un fil d'Ariane dans ce qu'Octavio Paz nommait *Le Labyrinthe de la solitude.* Le héros ou l'héroïne semble vivre ce que nous vivons ou ce que nous voudrions vivre. Nous trouvons par lui, par elle, à comprendre notre propre avancée dans la vie, nos épreuves, nos déceptions, nos malaises et nos espoirs. Comme si, au creuset du livre, dans un espace intime jamais vu, jamais nommé, nous rencontrions quelqu'un au visage dérobé avec qui partager notre expérience, quelqu'un qui en même temps partagerait la sienne avec la nôtre et nous aiderait à ne plus nous sentir seul, ou du moins à nous sentir moins seul, isolé, en pure perte au milieu du monde.

Le vent frouant dans la cheminée venait de refouler de nouvelles bouffées de fumée, qui piquaient aux yeux, les rendaient larmoyants – ce que tous prirent en bonne part, faisant contre mauvaise fortune bon cœur, en en riant plutôt, à l'exception de Pol-Émile et de Jean-René, qui, eux, s'en irritaient.

Victor, à qui on avait fait le compliment de son vin chaud aux épices, et qui se sentait valorisé et en veine de parler plus que de coutume, estima qu'un livre est parfois comme un ami qui nous comprend de l'intérieur et avec lequel nous avons le sentiment de dialoguer. C'est une figure devenue familière, fidèle, plus vraie que nature, capable de douter, de pâtir et de vouloir, un ami qui pourrait aussi bien devenir un ennemi intime, un confident ou un souffre-douleur.

— Je freine alors la lecture, dit-il, je ralentis au possible pour ne pas l'achever. Parfois, je reviens même en arrière, prends les pages à rebours, afin d'ajourner l'inévitable mot de la fin. Fermer un livre, c'est parfois vivre une véritable séparation.

Éliane et Bella avouèrent aussitôt être d'accord avec lui pour avoir vécu à l'évidence semblable expérience.

Ce qui, dès le départ, m'avait plu dans le cercle, c'est que la conversation, le dialogue, l'échange étaient préférés à tout débat, celui-ci supposant que l'on a toujours quelque chose à transmettre, et plus encore à imposer : un discours, une vérité, un sentiment ou une mission. Tandis que dans la conversation rien n'est dicté, prescrit ni structuré par avance. Chacun partait de son point de vue, l'exprimait et l'expliquait à sa manière, avec ses mots, sa mesure et son rythme, et si certains prenaient plus souvent la parole, les autres les écoutaient, pour sans doute se forger par métissage d'autres idées à partir de ce qui se disait, des motifs de réflexion, des perspectives qu'ils entrevoyaient soudain et qui les inspiraient, comme si la réalité que l'on pouvait croire une, indivisible et immuable s'entrouvrait alors sur d'autres réalités toutes nouvelles pour eux.

— Par contre, s'exclama Robert, pour éviter toute déception et toute illusion en trompe-l'œil, il convient de privilégier les « bons livres ». Ceux-là dont Maylis a dit qu'ils se distinguent par l'écriture, le style, un univers particulier et une philosophie de vie.

— Les livres, dit Bertrand, relayant Robert comme à son habitude, dans lesquels nous pouvons nous replonger à tout âge et qui nous parlent vraiment de l'intérieur, sans qu'il soit besoin de les analyser pour comprendre ce qui motive notre attachement. Ils sont sans cesse à découvrir, et on les découvre différemment aux diverses étapes de l'existence, selon l'état d'âme ou l'attente, l'appétit du moment. Ils sont tout simplement à dimension multiple. Le bon livre, c'est toujours le classique.

— Et les rares livres d'aujourd'hui qui, par le style, l'invention et la permanence rejoindront demain le rang des classiques, compléta Robert.

— Prenez Balzac, dit Bertrand. Sa « Comédie humaine » reste actuelle parce qu'elle touche au plus profond et atteint à l'universel. Elle est d'une démesure grandeur nature, de tous les espaces et de tous les temps, et c'est ce qui fait sa force. Sa force prodigieuse, inspirante, inépuisable. Une sorte d'alchimie s'opère quand nous la lisons.

— Il suffit, enchaîna Bertrand, de se laisser immerger, emporter par la crue des images et des mots, pour que les *Illusions perdues*, *Louis Lambert* ou *Séraphitâ* exercent sur nous une action durable et profonde, au partage même de toutes les expériences possibles, émotionnelles, intellectuelles, sensuelles ou mystiques.

— Nous coulant sous la peau des personnages, poursuivit Robert, emportés par leurs passions, nous prenons graduellement présence dans le présent, non plus de façon égocentrique, mais en ayant l'impression de nous multiplier de part en part, d'éprouver sans cesse ailleurs un centre du monde : nous nous retrouvons ainsi, par la lecture, plusieurs au partage de notre vie.

Un silence s'en était ensuivi. Comme toujours, en cours de séance, on s'accordait une pause pour, avait dit un soir Victor, « permettre à nos langues de se détendre ». On resservait du vin, certains s'occupaient de remuer les braises et de rajouter du bois, d'autres faisaient quelques pas dans la pièce, s'étiraient ou s'ébrouaient, puis se rapprochaient du buffet, où Éliane et Bella proposaient leurs crêpes à ceux qui en voulaient encore.

Pour la seconde partie de la soirée, alors que les uns et les autres étaient revenus à leur place, j'avais apporté un lot de cartes postales qui m'avaient été expédiées d'Amérique du Sud, avec au dos des textes brefs, qui semblaient extraits d'un journal poétique, au gré sans doute d'une dérive. Je voulus, sans rien dire de leur auteur, en faire la lecture pour connaître les réactions, recueillir des avis :

Sur la grande place de l'Expiatorio, comme dans tous les aéroports de pigeons, les enfants aiment courir après les plumes, lancer des miettes, rire jusqu'à la toux. L'église avec son masque de grandeur imite très mal une montagne. Sous ses yeux d'ombre, elle n'accueille pas le bruit. En face d'elle, sur les bancs autour de la fontaine ronde, les couples se relayent pour rappeler que l'amour s'honore à la lumière.

*

Le Pacifique est loin, il y a trois routes pour s'y rendre, quatre si l'on possède un cheval. La première est une autoroute peuplée de panneaux qui disent « Ne lancez pas de pierres sur l'autoroute ». La deuxième route mène à Colima dont le volcan éructe des menaces. La troisième traverse deux chaînes de montagnes griffées de splendides tournants, mais je ne l'ai jamais prise sans vomir avant destination.

*

(Au dos d'une photographie aérienne de l'Amazonie :)

Je voudrais être cet Indien de la jungle qui n'a jamais entendu le mot « Noël ».

*

Le devoir est dans le défi de ne pas vivre comme tout le monde sur des points de suspension.

Détruire les idées reçues, les façons, les fabrique-façons, se déséduquer, se libérer du connu ou retrousser son sang.

Conserver sa paresse bien sûr, la saupoudrer d'insomnie ou d'une quelconque maladie qui aide à marquer la différence, donne un point de vue, sert d'épice. Le sport à pratiquer s'intitule insouciance et muscle les hasards avec de l'étonnement. Je vais traverser le désert d'Atacama, et gagner la Bolivie, terre sans mer, terre indienne, dans l'espoir de dégager des ailes.

*

Comme si on avait enterré un dictionnaire et qu'à coups de soleil et d'eau claire, il avait poussé un arbre à mots. Ou un arbre à regards. Ou un arbre à magie. Le monde possède plus d'un tiroir et n'est plus un bureau mais une barque à la dérive. En bref, la poésie est un éventail qui rafraîchit, qui met sur les cils des touches d'arc-en-ciel. Le monde n'est pas fermé, je fais connaissance avec l'infini.

Je m'étais tu. Les uns et les autres se regardaient, perplexes, assez étourdis, alors que les mots semblaient encore résonner sous les voûtes de la salle de séjour. Robert et Bertrand trouvaient qu'il y avait là un ton, une fraîcheur, une certaine écriture.

— Et plus encore, un certain esprit, dit Jean-René, tout en estimant qu'il faudrait en lire davantage pour donner vraiment un avis.

Pol-Émile demanda que je relise le passage où il était question de « dégager des ailes ». Et Victor avait aimé ce monde non clos, où l'on fait connaissance avec l'infini.

— On dirait, dit Maylis, des étapes, des jalons, des balises, et mieux encore des bouffées d'émerveillement, sur un chemin qui conduit quelqu'un à lui-même, à travers la découverte de ses désirs et de ses dons.

Il semblait à Mehdi reconnaître un auteur – mais lequel ? Bella donnait sa langue au chat.

— Dis-nous de qui c'est ? dit Éliane.

Eh bien, tous ces textes étaient d'un certain Hubert-Antoine Ronveaux, un inconnu en littérature, quelqu'un qui ne pensait peut-être même pas à devenir jamais écrivain, un jeune homme assez excentrique, en quête de lui-même, et dont j'avais à relater à présent l'après-midi d'été où il avait débarqué chez nous sans crier gare.

14

Le visiteur du vent d'autan

C'était il y a six ou sept ans, un jour de vent d'autan, où nous nous étions réfugiés, Minna et moi, dans le jardin, à l'ombre des grands sureaux, occupés à lire, à déguster un jus glacé de groseilles rouges, et à regarder par instants la danse des frelons en longues étincelles d'un jaune soufre autour des lilas – un de ces moments indéfinis où l'on est sans éprouver nul besoin d'exister, dans une félicité d'évidence – quand, tout à coup, alors que nous n'attendions personne, il était apparu, sorti de nulle part, jeune, grand, beau, les dents éclatantes et les cheveux noirs en broussaille, déclarant, sans se présenter, sans même nous laisser le temps de revenir de la surprise, qu'il était content d'être enfin arrivé chez nous.

Dans la foulée, avec une faconde pleine de fraîcheur, de couleurs et de voyelles exaltées, il expliqua qu'il descendait de Belgique en auto-stop et avait réussi à convaincre la jolie conductrice de la quarantaine qui l'avait chargé à Vierzon et allait à Rodez de faire un détour assez considérable pour le déposer devant le portail de notre petit domaine. On comprenait au récit capricant qu'il en faisait, et plus encore à son sourire enjôleur et son regard charmeur, que l'on avait affaire à quelqu'un d'irrésistible et de convaincant, à qui on ne peut rien refuser. D'ailleurs, alors qu'ils venaient de passer Limoges, sa jolie conductrice avait introduit la voiture dans un chemin forestier, s'était arrêtée, sans mot dire, appuyant les bras sur le volant, la tête enfouie, sans plus bouger, la poitrine palpitante. Il pensa qu'elle se sentait mal, ou avait tout simplement besoin de récupérer, et il resta sans remuer à ses côtés, longuement, jusqu'à ce qu'elle se décidât à repartir, tournant alors la tête vers lui et disant seulement avec un sourire un peu triste : « Dommage... » Il avait alors compris qu'il venait de louper une fameuse occasion.

— À présent, dit-il, je boirais bien quelque chose de rafraîchissant, peut-être un peu de ce jus de groseilles rouges qui a l'air pas mal...

À nos yeux, c'était un Angelo, un jeune hussard sur le toit ou le genre de personnage que Pasolini aurait choisi pour son *Décaméron*. Il avait le beau nom d'un héros dans un livre d'aventures, chercheur d'or, étonnant voyageur ou écumeur des mers : Hubert-Antoine Ronveaux. Il respirait la vitalité, une santé insolente, et bouillonnait sans cesse, comme s'il était en création permanente, l'esprit omniprésent.

Quant au motif de sa visite chez nous – s'il en fallait un –, c'était un de mes romans, *Le Ravissement*, qu'il avait lu, en étant assez emballé par l'écriture, et surtout subjugué par l'intrigue. Une jeune mariée est recueillie dans la neige par des paysans, et c'est toute une histoire imaginée par un écrivain, qui revient par fragments sur elle-même, tandis que, dans « la vie réelle », l'écrivain lui-même, Jean et sa compagne Minna, choisissent d'aimer ensemble une jeune fille, l'invitent à entrer dans le cercle, pour se rejoindre magnifiquement à travers elle. C'était là le thème du ravissement : à la fois ravir et être ravi, parvenir à une lente possession en étant possédé en retour. Les deux histoires en parallèle alternaient, se suscitaient, s'éclairaient mutuellement, la vie et l'écriture ayant entre elles de subtiles correspondances.

Mais la seule chose qu'Antoine voulait savoir et voulait savoir à tout prix, toujours d'une manière assez effrontée et sans détours, c'était : est-ce que tout ce que je racontais était vrai ? Est-ce que les choses s'étaient vraiment déroulées ainsi ? En d'autres termes, l'histoire du couple et d'Isabelle, la jeune fille entrée dans le cercle, était-elle autobiographique ? Isabelle avait-elle vraiment existé et qu'était-elle devenue ? Comme si c'était seulement à cette condition que le livre prenait ou pouvait prendre à ses yeux toute son audace et sa valeur de vie, dans le défi d'un amour se situant pour ainsi dire au-dessus des lois.

Minna le regarda en souriant, paisible, sans rien dire, sans même remuer, rien que ce sourire un peu énigmatique sur les lèvres.

Antoine en resta interdit. Il vacilla un peu sur lui-même, eut un rire nerveux, nous regarda l'un et l'autre, sans trop savoir ce qu'il devait comprendre ou ce qu'il ne pouvait pas s'empêcher d'imaginer, comme devant une énigme silencieuse du sphinx, ce silence chargé d'un sens caché comme celui d'un oracle. Soudainement, il se sentit las, barbouillé, éreinté par les neuf cents kilomètres parcourus dans la même journée avant d'arriver chez nous. Il demanda s'il y avait un endroit où il pourrait se reposer, et Minna le conduisit à la chambre d'amis, lui montra au passage la salle d'eau, et ferma les volets pour créer une pénombre.

— Ou bien, dit Minna, lorsqu'elle me rejoignit sous les grands sureaux, ce type-là est un génie ou alors, c'est un petit arrogant, un effronté qui n'est pas nécessairement de la plus belle eau, un de ces jeunes d'aujourd'hui qui s'imposent partout avec un fameux toupet alors qu'en fait, ils ne sont rien et n'en sont nulle part.

Antoine réapparut alors que la nuit commençait à tomber, la nuit claire d'été avec le cisaillement des grillons dans les herbes et le vol hasardeux de l'engoulevent au-dessus des landes. Il avait pris une douche et nous revenait avec un visage frais, les traits dispos, l'air épatant, tout disposé à l'évidence à repartir dans toutes les conversations possibles alors que c'était l'heure de l'apéritif du soir.

Comme Minna voulait en apprendre davantage sur ce jeune inconnu culotté qui avait débarqué à l'improviste, elle lui posa diverses questions, et il parla de lui, toujours avec la même aisance, la même faconde. Antoine avait été, comme moi, auditeur libre à l'université. Dès le départ, enfin ce qu'il considérait comme un premier départ dans sa vie, à ses dix-huit ans, il avait voulu ne plus être à charge de ses parents et s'assumer financièrement. Il avait posé nu pour des femmes sculpteurs, vendu des crêpes Nutella à la sauvette, collé des affiches de spectacles, fait la plonge dans les restos du samedi soir. Tout lui était bon. À l'université il s'était intéressé à la philosophie, aux lettres anciennes comme aux lettres modernes, mais aussi à la géographie, à la biologie et à la géologie, et il avait appris l'espagnol, en prévision de quoi? Il ne savait pas. Il consacrait la meilleure partie de son temps à la lecture de toutes les littératures, sans qu'il eût besoin d'aucun diplôme pour ce qu'il voulait faire de sa vie.

— Mais justement, dit Minna, que voudrais-tu faire de ta vie?

Antoine parut alors à court d'élan et d'effronterie. Comme interloqué, dans un court-circuit entre lui et lui-même. Il refusait bien sûr toute vie programmée; il avait l'angoisse de rejoindre avant même d'avoir vécu le rang des morts-vivants, avait horreur des existences lamentables et sans relief, marquées non seulement du sceau de l'échec mais plus encore de celui de la renonciation à soi-même. Savoir ce dont on ne veut plus mais sans pouvoir imaginer ce que l'on voudrait pour en somme inventer sa vie, c'est la carence contemporaine. L'imaginaire fait défaut et le manque est immense. Antoine avouait n'avoir de désir que confus, des aspirations vagues, une vitalité qui n'avait pas encore trouvé à s'incarner, dans l'impossibilité même de faire corps avec lui-même. Comme s'il avait les os et la chair ici, l'esprit ailleurs, les sens dispersés, la mémoire en désordre, et qu'il lui fallait d'abord se réunifier, se recomposer comme un puzzle. Il sembla un moment s'abîmer dans une réflexion qui n'avait plus rien pour objet, puis, tout à coup, il se ravisa, se resservit directement un whisky, et nous dit qu'il était amoureux fou d'une très jeune fille en Belgique. Pour cet amour, il voulait être le meilleur homme du monde, et comme elle aimait Corto Maltese, il voulait être pour elle un Corto Maltese, rien de moins.

— Vous parlez d'un crétin, dit-il, au milieu d'un amour passion, au milieu du feu, au milieu même du volcan de la vie qui tarde à être en éruption, et qui veut être un Corto Maltese, trouvant le héros génial parce qu'il voyage d'un continent à l'autre !

— Et pourquoi pas plutôt, dit Minna, être Hubert-Antoine Ronveaux, rien de moins et rien de plus ? C'est l'occasion pour toi d'une vraie audace : le hasard se manifeste pour les esprits préparés, mais si le hasard ne survient pas, il faut le bousculer, provoquer les événements, et assurément ne pas demeurer plus longtemps dans les limbes ou en coulisse. L'acte le plus surréaliste, ce serait de te rendre dans la première agence de voyages venue et de demander le billet le moins cher pour aller le plus loin possible...

Tout cela le fit rire, non plus nerveusement, mais avec une franche gaieté, comme s'il était délivré à l'instant de tous les faux-semblants et de tous les obstacles qui ne sont le plus souvent qu'en nous-même, tout à fait amusé, exalté par le programme d'une destination inconnue, en la jouant en quelque sorte aux dés.

La soirée se passa ensuite à parler de littérature. Antoine citait ses auteurs favoris, Balzac, Faulkner, *L'Idiot* de Dostoïevski ou le *Pays de neige* de Kawabata; il parlait des livres qui l'avaient bousculé, se rappelait avec passion tel passage ou tel personnage, et déclamait des poèmes.

— Ce que j'aime par-dessus tout, dit-il, c'est la phrase musicale dont chaque syllabe détache les notes de l'harmonie, celle, profonde, qui emmène l'homme tout entier vers lui-même, et l'autre, légère, qui l'emporte loin du tortillard des questions existentielles. Le vers parfait qui jamais ne s'érode. La phrase à sucer entre les lèvres, celle cinglante qui coupe court au romantisme, le bon mot chargé de trois étages de sous-entendus, le trait qui gifle, l'emphase juridique dans un mouvement de manches, la péroraison politique, les stances de Saint-John Perse, la simplicité de Prévert, l'élégance de Mallarmé.

À ses yeux, c'est en peignant, en écrivant, en composant qu'un artiste doit se sentir le plus en vie, parce qu'il y a alors en lui la condensation et l'ivresse, parce qu'il y a dans l'œuvre qui s'élabore l'alcoolisation de son propre vécu et du grand vécu évolutif du monde. L'écrivain qui importe vraiment, c'est celui qui parvient à transformer progressivement le miroir qui le réfléchit en une fenêtre ouverte sur les temps présents. Tout cela était bien pertinent, compétent, passionnant. Nous étions, Minna et moi, ravis de l'écouter, assez éblouis par cette fougue merveilleuse de la jeunesse. Le personnage était vraiment étonnant.

Il était près de 2 heures du matin quand nous décidâmes d'aller nous coucher. Lui resta dehors à écouter le chant de l'engoulevent et à regarder la danse des lucioles en étincelles bleuâtres sous les grands sureaux, tout en continuant à siroter du whisky. Le lendemain matin, de la même manière soudaine qu'il nous était apparu, Hubert-Antoine Ronveaux s'était éclipsé, passant par la fenêtre de la chambre d'amis qu'il avait laissée entrouverte : le bel oiseau s'était envolé.

Nous devions apprendre bien plus tard que, rentré en Belgique, Antoine avait réuni l'argent qu'il possédait, s'était rendu dans une agence de voyages pour, relevant le challenge que Minna lui avait lancé, acheter le billet le moins cher pour aller le plus loin possible.

Pendant plus d'un an, nous n'eûmes pas de nouvelles de lui et, à vrai dire, nous n'en attendions pas, malgré le souvenir assez captivant que nous conservions de son passage chez nous. Mais au cours de l'hiver suivant, nous commençâmes à recevoir, de façon irrégulière, sporadique, des sortes de messages écrits sur des papiers de fortune, des lettres à l'en-tête d'un hôtel, au dos d'un billet de train ou d'une note de restaurant, et le plus souvent sur des cartes postales. Comme si Antoine voulait, non pas seulement se rappeler à notre bon souvenir, mais nous signifier qu'il avait relevé le défi d'une destination inconnue.

Toutes ses lettres, qui n'étaient pas exactement des lettres, nous parvenaient d'Amérique latine, de différents pays, au gré d'une dérive, en franchissant allègrement les frontières. Des textes brefs, qui étaient tout à la fois des poèmes en prose, des tableautins, des croquis sur le vif, toujours sur un mode impersonnel, sans qu'en réalité ou concrètement il nous confie jamais rien de lui-même. Des textes que nous trouvions surprenants, étranges, mystérieux, et qui semblaient, comme Maylis l'avait si bien dit, des balises et des bouffées d'émerveillement sur le chemin qui, en définitive, allait le conduire à lui-même.

Au dos des dernières cartes postales reçues, celles-ci du Mexique, il paraissait s'être fixé à Guadalajara, et, toujours avec le même enthousiasme, avait le projet d'y ouvrir un resto qu'il baptiserait énigmatiquement *Le Coq à poil...*

15

Compagnie des jeunes

C'est étonnant, parfois, de remarquer autour d'un foyer de vie les éléments qui s'ajoutent ou se retranchent, comme d'eux-mêmes ou sur un lien qu'on établit. Il y a une aimantation, un rayonnement; le cercle engendre d'autres cercles, un petit monde annexe des mondes nouveaux, et par là on s'en ressent soi-même en extension. La prochaine réunion du cercle devait avoir lieu durant les vacances de Pâques et nous allions avoir de la compagnie.

Bella avait rencontré en ville une ancienne élève à elle, Juliette, inscrite aujourd'hui dans une fac de lettres à Paris. C'était une fille franche et spontanée, avec une jolie frimousse, des cheveux coupés court et en boucles, un air de cheftaine, engageant, généreux, dotée de surcroît d'un grand sens pratique, prompte à démêler les situations inextricables. Dans l'échange de nouvelles, Bella lui avait parlé de notre cercle de lecteurs. Aussitôt intriguée, comme à l'annonce de quelque cérémonie secrète, Juliette avait demandé s'il était possible d'y assister, en compagnie de trois copains de fac, Jeanne, Charles-Bernard et Bastien, qui ne se plaisaient que dans les livres et seraient certainement intéressés. Deux garçons, deux filles, sans qu'elle précisât s'ils étaient en couple ou seulement des camarades d'études, une équipe d'amis réunis sur un même réseau d'affinités. Juliette avait demandé de surcroît s'il leur serait possible de loger sur place, ce que Mehdi et Maylis avaient permis à la condition expresse que les quatre jeunes emportent avec eux des sacs de couchage. « Ce sera, dit Maylis, à la guerre comme à la guerre, en acceptant par avance les inconvénients qu'imposent les circonstances. »

Bella était allée les chercher à la gare de Figeac, en tout début d'après-midi, et, accusant un léger retard, les avait trouvés devant la gare, chargés comme des sherpas de sacs à dos et d'autres sacs en toile portés en bandoulière.

Ils devaient être quatre, ils étaient cinq. Les quatre déjà nommés, et une autre fille, Nanou, enfouie dans un chandail trop grand, aux manches trop longues ou étirées exagérément pour éclipser les mains, et n'en laisser s'échapper, par moments, que le bout des doigts. Nanou, qui intrigua Bella dès l'abord, était sans bagues, sans fards, les cheveux châtains en crinière folle, touffue, rebelle, mal peignée, peut-être même pas peignée du tout, qui lui offusquait le visage un peu bouffi, comme l'ont souvent les adolescentes à l'instant du cocon.

Prenant Bella à part, Juliette expliqua qu'ils ne connaissaient pas Nanou «plus que cela»; ils l'avaient rencontrée en gare de Brive alors qu'ils attendaient la correspondance pour Figeac, et l'avaient sentie paumée, peut-être pas vraiment paumée, mais en tout cas indécise, déboussolée, et sans avoir d'endroit où loger. Juliette l'avait invitée à les accompagner, se disant que, connaissant «l'esprit d'ouverture de son ancienne professeur d'espagnol», Bella serait d'accord.

Maylis les installa dans le grenier aménagé au-dessus de la salle de séjour, où, côte à côte, comme dans une chambrée militaire, Juliette et ses trois copains gonflèrent leurs matelas pneumatiques et déroulèrent leurs sacs de couchage, dans un joyeux affairement. Nanou s'était retranchée à l'écart, au fond de la pièce; jetant ses sacs n'importe comment, elle s'était accroupie sur l'un d'eux, sans plus broncher.

Allant vers l'œil-de-bœuf, curieux sans doute de la vue qu'on en avait, Charles-Bernard passa près d'elle, marcha par mégarde sur l'un de ses sacs et en tira un cri d'animal blessé, qu'il n'identifia pas. Nanou se détendit aussitôt en avant, se recourba sur le sac, en sortit un ourson en peluche dont un œil de verre, décroché de son orbite, pendait à un fil. Le serrant contre elle, elle releva la tête, leur lança un regard, non pas de fureur, de rancune ou d'indignation, mais un regard fixe, sans aucune émotion. C'était pire, et plus éprouvant. (C'est Maylis qui m'en fit plus tard le reportage.)

Vers le milieu de l'après-midi, le ciel avait commencé à s'obscurcir, virant graduellement au noir, comme si quelque poulpe gigantesque, retranché dans l'atmosphère, venait de lâcher son encre. Le ciel pesait bas. Sans remuement. Sans un souffle. Implacable. Et la neige s'était mise à tomber, d'abord en flocons erratiques, dans un léger tournoiement chorégraphique, et avait continué de tomber, sans un bruit, sans un frôlement, toujours plus drue, en hachures blanches derrière les carreaux.

Lespinas est à sept cents mètres d'altitude, et les voies d'accès, escarpées, tout en lacets, seraient bientôt impraticables. Robert et Bertrand appelèrent Maylis sur son portable pour « se décommander » ; puis ce fut Jean-René, et ensuite Pol-Émile qui ne pouvait, décidément, laisser sa tante seule par un temps pareil. Les autres n'appelèrent pas, se disant assurément que l'on comprendrait que... En fait, de tous les membres réguliers du cercle, il n'y eut ce soir-là, outre Mehdi et Maylis, que Victor et Richard Brars, venus ensemble dans le 4 × 4 de Richard, et moi, qui étais arrivé à Lespinas avant que la neige tombât. J'avais aidé Mehdi à allumer le feu dans l'âtre et les jeunes nous avaient rentré du bois, tandis que Maylis nous préparait un thé noir du Yunnan.

À peine venait-elle de le servir que Victor, manifestant son impatience, interrogea les jeunes sur ce qu'avait été leur rapport à la lecture dans l'enfance. Ils se regardèrent surpris, trouvant sans doute qu'il eût été plus juste, passionnant et avantageux pour eux de parler de leurs lectures actuelles, mais ils se laissèrent prendre au jeu ou à ce qui semblait un jeu.

Juliette confia qu'elle aimait être seule dans sa chambre avec une histoire, à travers laquelle elle découvrait toutes sortes de choses dont on ne lui parlait jamais ou que son imagination d'enfant pressentait sans pouvoir mettre un nom dessus. Elle prenait parti pour les personnages, les aimait et les considérait comme de sa famille...

— Une famille recomposée à chaque livre nouveau, précisa-t-elle en riant. Après la lecture, je jouais à l'histoire, seule ou avec mes amies à qui je l'avais racontée. C'était un récit d'aventures où des enfants découvraient un trésor et devaient le cacher aux adultes, qui, eux, ne pourraient pas comprendre ou n'en feraient qu'un mauvais usage. Ce trésor devait rester secret, enfoui, dérobé, faute de quoi le monde entier risquait de sombrer...

Jeanne, elle, s'était plu dans les contes de princes et de princesses, particulièrement dans un livre devenu culte pour elle, intitulé *La Caverne à la rose d'or*, où l'héroïne devait vaincre des épreuves, surmonter des obstacles considérables, se jouer de toutes sortes de maléfices, avant de rendre vie à l'aimé endormi d'un sommeil suspect au fond de la caverne, son âme étant prisonnière d'une créature malfaisante.

— Je relisais ce livre-là sans cesse, dit-elle, et progressivement, sans m'en rendre compte, j'y ajoutais des péripéties, d'autres épreuves, d'autres exploits en introduisant dans l'histoire des choses qui m'étaient arrivées ou auraient pu m'arriver, mais aussi des événements quotidiens, parfois même des faits d'actualité dont j'entendais parler autour de moi.

Pour Charles-Bernard, lire était devenu à l'adolescence une activité plus sérieuse, cruciale, déterminante, impérative. Comme un investissement ou un apprivoisement de soi. C'était s'enfermer avec un livre, et même s'engloutir corps et âme dans le livre en cours, se retrancher pour un temps indéfini du reste du monde, et éprouver d'abord sa propre solitude, lui trouver plus de charme et de magie qu'à tout ce qui l'entourait au jour le jour. Il lisait tout, des récits d'aventures, des épopées, des poèmes, des histoires d'amour, et même des essais...

— ... auxquels, précisa-t-il, je ne comprenais pas tout, et parfois ne comprenais rien, mais certaines phrases frappaient mon imagination, me donnaient l'impression que j'abordais un savoir, près de déceler l'énigme de la vie, peut-être même celle de ma propre vie.

Victor insista pour qu'il développât cette idée. Je remarquai que lorsqu'il s'adressait aux jeunes sa voix se modifiait, plus fluide, plus douce, presque miellée.

Un peu désarçonné, Charles-Bernard expliqua que s'il ne comprenait pas tout, les idées, certaines phrases, restaient gravées dans sa tête, en réserve ou en coulisse, et qu'il était assuré que, dans un avenir proche ou lointain, elles s'éclaireraient d'évidence à ses yeux.

Bastien le relaya. Pour lui, seuls les livres peuvent nous dicter ou nous révéler le chemin, ouvrir une voie qui ne sera qu'à nous.

— À force de lectures, dit-il, je cherchais les sésames, les messages qui m'étaient destinés, les ouvertures de toutes parts, mais aussi les passages dérobés, le passe-partout du cambrioleur ou le passeport universel qui me permettrait de franchir toutes les frontières, et d'abord de me sortir de ma prison personnelle. C'était là ma lecture active, pour me sauver de je ne sais quoi. Peut-être d'un avenir morne, d'un avenir sans avenir, et plus encore d'un futur qui ne serait pas la réplique implacable et sinistre du passé.

« Ce qui me réunissait avec mes amis proches, continua-t-il sur un autre ton, c'était d'abord les livres que nous nous prêtions, nous passions, nous échangions, ceux qui nous avaient enchantés, interpellés, bousculés de l'intérieur, tels *Le Festin nu*, *Sur la route*, ou *Les Enseignements d'un sorcier Yaqui* de Carlos Castaneda. Des récits irrationnels, troublants, confus, qui résonnaient comme des rêves auxquels se référer sans cesse. Le monde se multipliait comme les grains de la grappe, se peuplait d'idées, d'audaces, d'images, de personnages sous la peau desquels se couler. Certains héros nous retenaient captifs par la fascination qu'ils exerçaient sur nous. Il fallait s'en inspirer, mais aussi s'en détacher, passer outre, passer au travers, couler plus profond, découvrir la différence, jusqu'à prendre progressivement possession de soi, et comprendre que, tous autant que nous sommes, nous existons à titre d'exception.

Sans sembler écouter, Nanou regardait vers le feu, fascinée peut-être par la danse des flammes; elle gardait la tête inclinée, les cheveux en broussaille masquant une partie de sa figure, sans dissimuler une espèce de moue.

Mehdi était allé ouvrir la porte au bout du corridor. Il avait cessé de neiger, mais la couche était d'au moins une coudée. Tout était profondément silencieux, comme si le silence prenait une autre substance et s'augmentait dans la blancheur. À la clarté de l'ampoule extérieure, c'était un monde surréel, avec des arbres empennés, dans un temps en suspens.

Mehdi était réapparu avec du vin et nous le prîmes en apéritif. Un apéritif qui allait se prolonger car Victor, au gré d'une conversation qui versait dans tous les sens, changea brusquement de cap et déclara, sur un ton sentencieux ou solennel qui nous surprit, que le temps de la jeunesse est celui du passage dans la chrysalide et que « nous ne pouvions souhaiter rien de mieux à nos jeunes que de devenir des papillons ». Sans un regard vers moi, il parla du processus de l'épanouissement que j'ai décrit précisément dans *L'Épopée du papillon*, insistant sur la tâche que la chenille doit accomplir dans sa période de consommation, celle d'accumuler la matière nécessaire à l'accouchement de soi. Avant de se cloîtrer dans sa chrysalide, et de s'offrir à la métamorphose qui fera d'elle un insecte parfait.

— En cela, dit Charles-Bernard, nous sommes pareils à ces chenilles, bien disposés à nous gaver de tout et à nous livrer à toutes les expériences.

— À ceci près, rectifia Bastien, que l'humain n'est pas programmé de la même manière et, donc, pas assuré le moins du monde de réussir sa métamorphose.

Jeanne estima pour sa part que le manque de programmation offre toute liberté ou toute latitude d'inventer sa destinée. Juliette, allant dans le même sens, plaida pour une confiance en la vie, quand « un désir constant est une promesse que l'avenir nous fait » – une phrase qu'elle avait épinglée dans *Séraphitâ* de Balzac.

— Il y a aussi un temps où il faut se délivrer des livres, et plonger la tête la première dans la vie, décréta Richard Brars, soudain impatient d'en venir à des nourritures plus terrestres.

Il avait apporté deux gigots de chevreau, mis à mariner la veille dans un vin blanc d'Arbois, et il se mit en devoir de les rôtir sur une grille dans l'âtre, tandis que Bella allait réchauffer à la cuisine des fèves relevées de feuilles de sauge confites et de navets glacés au sucre qui viendraient en accompagnement. Tous firent honneur au festin, les paroles continuant d'aller bon train, les verres vides étant aussitôt resservis.

Seule Nanou restait sourdement repliée sur elle-même, sans beaucoup manger, et même sans sembler se nourrir de rien, et je me rappelai ce que Minna m'avait dit un jour, observant une adolescente dans une même attitude prostrée, qu'elle devait avoir quelque bouillie d'obsession entre les tempes. Je remarquai plusieurs fois le regard de Bastien glissé vers Nanou, qui semblait le subjuguer, comme s'il était devant un genre de créature étrange qu'il ne lui avait pas été donné de côtoyer jusqu'ici, et dont il ne parvenait pas à entamer le mystère ou l'absence de mystère.

Tout un temps les jeunes parlèrent de sites et de blogs, de Facebook et de Twitter, d'ordinateurs et de logiciels. Bastien fit cette réflexion : « Quand nous supprimons des messages ou envoyons des dossiers à la poubelle, où vont-ils, où disparaissent-ils, vers une décharge ou quelque déchetterie dérobée dans l'atmosphère, pour y être recyclés ? » C'était pertinent et cela fit rire tout le monde, y compris Nanou dont on entendit pour la première fois le rire clair, cristallin, enfantin.

Après le dîner, Richard Brars choisit de repartir, assuré de pouvoir passer partout avec son 4 × 4, et Victor, qui avait à faire le lendemain, repartit avec lui. Je décidai pour ma part de rester la nuit et d'attendre le passage du chasse-neige au matin. Nous nous regroupâmes autour de l'âtre. Mehdi jeta sur les braises une branche de genévrier, qui grésilla en levant de grandes clartés d'or mêlées d'ombre sur les murs. Maylis offrit à déguster des abricots confits, les uns et les autres continuant de siroter du vin.

L'ambiance était si favorable au conte que je me mis à raconter des mythes de la création que j'avais transcrits, des peuples sibériens, des deux Amériques, ou de l'Océanie. Pour m'attacher ensuite et plus longuement à décrire « l'Ère du Rêve », dont parlaient les cosmogonies d'Australie. Nanou me regardait fixement (pourtant toujours sans expression), comme si ce mythe-là et pas un autre concernait son présent, son devenir, ou quelque chose d'indéfini en elle, cela sans doute confusément.

Selon les Aborigènes, il y eut une époque onirique qui précéda le Temps, la réalité même de la vie. À cette Ère du Rêve, les Ancêtres, venus du néant et tirant d'eux-mêmes leur existence, s'éveillèrent du sommeil de la terre. Doués de pouvoirs surnaturels, ils façonnèrent le monde par des chants, donnèrent son relief et ses rythmes à un paysage plat, morne et désolé ; ils firent éclore les sources, délièrent les rivières, évasèrent les vallées, tout en produisant çà et là des formes végétales et animales. Des algues rejetées par les vagues, qui gisaient sur les rivages, ils dégagèrent les premiers humains, encore à l'état embryonnaire, qu'ils dotèrent ensuite de tous les organes sensoriels, de parole et de mouvement.

— Ces mythes, dis-je, décrivent assez précisément l'acte de création. Les Ancêtres font un rêve et au réveil, ils se saisissent de ce rêve avant qu'il s'évanouisse, le lancent dans les airs, contre l'écorce d'un arbre ou sur la paroi d'une caverne, et ce rêve devient une réalité vivante sur la terre.

« Tout se passe dès lors comme s'il y avait en nous un imaginaire qui se révèle progressivement à nos sens, et qui devient sans cesse la réalité, les réalités du monde dans lequel nous vivons. Ainsi, la profondeur devient l'apparence, l'invisible se rend visible, l'intérieur s'extériorise sans fin. C'est encore aujourd'hui le sens de toute création dans quelque domaine que ce soit.

Il était près de 2 heures lorsque Maylis décida qu'il était temps de se coucher. Les jeunes regagnèrent le grenier, tout en continuant à bavarder en sourdine, tandis que nous allions chercher dans une pièce annexe des matelas et des couvertures pour les disposer à proximité de l'âtre. C'était « à la guerre comme à la guerre », ainsi que Maylis nous l'avait annoncé. Nous nous couchâmes sans beaucoup nous dévêtir. Avant de nous souhaiter la bonne nuit, Bella parla de Nanou :

— Étrange, cette fille, et au fond, peut-être pas si étrange que cela. Elle m'émeut. Je la sens en péril, dans un mal-être abominable. Quelque chose en elle ne fonctionne pas bien, ou alors elle est en train de faire son cocon...

Les paupières closes mais sans encore m'assoupir, je repensais à ma propre jeunesse et découvrais que ce qui n'a pas changé, n'a aucune raison de changer, et ne changera sans doute jamais, c'est qu'au sortir de l'adolescence il y a un seuil à franchir, un grand saut à oser en chute libre.

Dans la plupart des jeunes d'aujourd'hui, je retrouve celui qu'au fond j'ai été : je reconnais le même malaise, le mal-être, l'esprit empêtré, mais aussi le défi, l'aspiration, la volonté d'autre chose. Tout, et même n'importe quoi, sauf la vie programmée de la crèche au cimetière.

À cet âge, on cherche un révélateur. Comme si on portait sous la peau, en un endroit indéfini, un message écrit à l'encre sympathique, qui pourrait, et en tout cas devrait, se révéler à nous à la faveur d'une autre chaleur, d'un livre, d'une expérience. On cherche ce contact, ce livre, cette expérience décisive, et on y va à l'aveugle, au hasard, sur l'inspiration ou l'envie du moment. Dans la construction souvent âpre, difficile et douloureuse de notre vie, il faut moins, sans doute, se fier à son intelligence, le plus souvent parasitée, piégée, médiatisée, qu'à ses propres intuitions. Ces intuitions qui sont aimantées quand elles jouent en court-circuit entre la mémoire personnelle, peuplée déjà des événements de l'enfance, et la grande mémoire du monde logée par strates, comme une géologie, en nous-mêmes.

Nous venions à peine de nous endormir quand nous fûmes réveillés par des coups chargés d'échos, frappés à la porte du séjour. C'était Juliette.

— Nanou, dit-elle, n'est vraiment pas bien ; elle n'en finit pas de vomir !...

Un spectacle navrant nous attendait dans le grenier. L'odeur de dégueulis prenait à la gorge et soulevait le cœur. Bastien, accroupi près de Nanou, tenait devant elle une bassine de fortune – qui avait été mise à l'endroit d'une fuite dans le toit. Elle n'en finissait pas de vomir, une sorte de bile ou de lie jaunâtre, en étant prise de convulsions.

Ne fallait-il pas appeler un médecin ? Mais où en trouver un par cette nuit, par cette neige ?

— Ce n'est pas le peu qu'elle a mangé qui a pu provoquer une telle indigestion, décréta Maylis. Ce qu'elle rejette, c'est quelque chose de moche dans sa vie passée, sans doute une sale expérience. Laissons-la rendre tout ce qu'elle doit rendre...

Nanou reprit son souffle bruyamment et sembla s'apaiser. Elle était maculée de souillures et Bella l'entraîna pour la laver et la revêtir d'une chemise de nuit dénichée par chance au fond d'une armoire. Quand Nanou réapparut au milieu de nous, elle paraissait soulagée, délestée, un sourire confus, gêné sur les lèvres. Bella lui avait rassemblé les cheveux avec un serre-tête en une forme d'ananas ébouriffé. Elle était vraiment jolie, presque transfigurée dans sa chemise de nuit bordée de sages dentelles. Dans l'intervalle, Juliette avait nettoyé les traces de vomi et ouvert les fenêtres pour créer un courant d'air. Tout le monde s'en retourna se coucher.

Le lendemain matin, après le petit déjeuner, Mehdi proposa une promenade dans la neige, par le chemin des crêtes en surplomb des combes. Nanou se sentait encore nauséeuse ; elle regardait autour d'elle, sans sembler rien distinguer, avec une fixité inquiète. Maylis voulut rester avec elle.

Il faisait beau temps et ce fut exaltant d'aller nous balader dans la blancheur, d'évoluer dans la fantasmagorie du silence qui rendait le paysage plus vaste et plus ample, mystérieux, paisible et assourdi, avec le vent froid qui nous mettait le feu aux joues, et le seul bruit de la neige attaché à nos pas. Dans les lointains bleus, une lumière que l'on eût dit surnaturelle refluait. C'était le décor du *Voyage d'hiver* cher à Schubert, avec de loin en loin des arbres empennés, des miroirs brisés, des scintillements de cristaux.

Par instants, des nuages passaient devant le soleil et projetaient sur la neige de grandes ombres, qui semblaient signifier, par vagues successives, le lent passage du temps. Tout en marchant, nous avions échangé des choses anodines, des paroles que l'on dit pour le plaisir d'être ensemble – un étonnement devant une ancienne grange de transhumance, une mare à gibier où en se penchant on se trouvait reflété, un cri ou un geste pour montrer un vol de corneilles déroutées par le vent.

Quand, au bout de trois ou quatre heures, nous rentrâmes à Lespinas, toute force épuisée avec plaisir, Nanou n'était plus là. Elle avait voulu s'en aller. Un chasse-neige était passé et elle avait obtenu du chauffeur qu'il l'emmenât, sous la clarté orangée et syncopée d'un gyrophare. Sortie on ne savait de quelle histoire, elle avait repris sa dérive, dans ce qui ressemblait à une fugue, une fuite en avant. Bastien en eut l'air désappointé.

— Je crois, dit Maylis, qu'elle a vécu une sale histoire avec son père. Elle ne m'en a parlé qu'à demi-mot, de façon fugace, avec une sorte de honte, disant que si elle pouvait donner en apparence l'impression d'être en vie, au fond d'elle, tout était mort. Peut-être devrait-elle se délivrer en se confiant vraiment à quelqu'un, mais ce n'est pas sûr. Pour aussi sordide et ignoble que soit son expérience, c'est à elle qu'il appartient de la résoudre. Enfin, pas vraiment de la résoudre, mais de s'en servir comme d'un point d'appui, ou alors de la rayer de sa mémoire, et de rompre les amarres avec son passé. C'est sans doute ce qu'elle s'efforce de faire... en fuyant.

« Quand, poursuivit Maylis, je lui ai demandé ce qu'elle voulait faire plus tard et plutôt, d'ailleurs, dans l'immédiat, elle m'a répondu artiste, comme si être artiste était la seule possibilité exaltante et gratifiante qui s'offrait à ses yeux. Artiste, d'accord, mais encore ? Nanou parut alors à court d'inspiration. Comme dans un grand bug. Peut-être, a-t-elle dit après avoir regardé de tous côtés, écrire mon histoire, ou alors me lancer dans la peinture, la sculpture, le cinéma. Finalement, après avoir égrené toute la panoplie, elle voudrait être photographe.

« Il faut dire qu'en confondant la culture pour tous avec la culture par tous, l'époque bénéficie de l'apport réellement étonnant des techniques nouvelles, de l'appareil photo ou du caméscope numérique, si bien qu'il suffit d'acquérir le matériel, d'en actionner la commande, de produire le déclic pour que l'on obtienne de toute manière quelque chose : tout le monde est capable d'une image, et même d'une image qui pourrait sembler artistique quand elle joue avec les effets de lumière et les aléas du moment.

Pendant qu'elle parlait, Mehdi, toujours discret dans ses démarches, s'occupait de rassembler les bouteilles vides laissées dans le cuisine et le séjour. Nous avions sacrément bu hier soir. Et je lui dis que je me chargerais, la prochaine fois, d'apporter le vin.

16

La vie, l'écriture et le vin

C'est à la fin des années quatre-vingt, souffrant en ma qualité d'économiquement faible de ne pas avoir une cave montée en bons crus, que j'eus l'idée d'une conférence intitulée « La vie, l'écriture et le vin » que je donnerais chaque fois en échange de trente-six bouteilles de vin, estimant qu'en la circonstance il y avait à préférer les avantages en nature.

Pour la résumer en quelques traits, cette conférence vinico-littéraire développe avec humeur mais non sans notes d'humour l'idée que le vin est à la vigne ce que l'écriture est à la vie et ce que la voix est au corps dans son contact sensible avec le monde.

Me situant d'emblée par rapport à l'exposé, je propose une autre disposition sur la page de couverture de mes livres : le titre en grand (ce qui est généralement fait) ; en dessous, en plus petits caractères :

Jean-Pierre Otte,
appellation d'origine contrôlée

Ensuite, le millésime, car il y a de bonnes et de mauvaises années ; et en pied de page :

Julliard, négociant en livres à Paris

Ramuz faisait imprimer sur ses livres des éditions Mermod un dessin représentant une grappe de raisin pressée dans une main d'homme avec ces deux mots : *j'exprime.*

J'exprime, c'est-à-dire je donne l'expression, je sors ce qui a mûri en moi, je crée un lieu d'échange et je partage. Je rends sensible par un ensemble de signes en dégageant le sens, livrant tout ensemble le grain, la peau et la pulpe. L'écrivain est un lieu où les choses se passent sous les apparences. Un lieu de fermentation, de réflexion, de transformation. Ce que l'écrivain produit, comme le vin, ne s'adresse pas à la seule réalité économique, politique, sociale ou sportive, mais à l'être tout entier dans ses réalités permanentes les plus complémentaires. L'écrivain comme le viticulteur travaille aussi bien à susciter l'ivresse qu'à rendre habitable ce monde et à rendre habitable cet univers particulier que nous portons, diversement, chacun en nous-même.

Sa vigne, c'est sa vie. Il travaille avec ses émotions, ses angoisses, ses révoltes, ses rêves, ses pertes de pesanteur, ses bouffées de bonheur ou de néant. Et il travaille aussi bien avec les appréhensions, les plaisirs, les rêves meurtris et l'attente des autres. Il absorbe tout comme une éponge, puis il décalque, se décalque des choses, et se décalque aussi bien de la face cachée des choses. Il se fait un trésor à l'intérieur ; il accumule une *matière*.

Fort de cet exposé fondé sur l'échange, je m'acheminais en ces premiers jours de juin vers le Médoc. J'avais trois conférences à donner, des paysages à traverser, en voyageant par monts et par vaux et en optant le plus souvent pour les petites routes qui permettent mieux de visiter un pays dans ses plis et ses replis, tout en ayant à l'esprit cet air dansant de Rimbaud : *ô saisons, ô châteaux, quelle âme est sans défaut ?*

Le seul désavantage à cette expédition, c'était que je n'allais pas pouvoir assister à la prochaine réunion du cercle. Je m'en ressentais navré, tant je m'étais attaché à ces séances qui se renouvelaient de mois en mois et restituaient au temps une forme cyclique.

Ma petite tournée se passa bien. Je donnais mes conférences comme à l'accoutumée dans le noir, avec une seule lampe allumée sur la table où je parle, pour que « l'on respectât l'ombre », selon le mot de Christian Dotremont. Un passage largement consacré à l'érotique du vin provoque toujours des remous d'émotion dans les auditoires, des frémissements furtifs dans les régions galactiques de la sensibilité féminine, et, comme je développe, au fil des idées, bon nombre d'anecdotes, citant des extraits choisis ou confiant des expériences personnelles, des gens veulent ensuite me raconter les leurs, des épisodes de vie, qui sont comme des synopsis, des schémas de scénario ou des nœuds d'intrigue, le plus souvent captivants.

Je montais à présent vers le nord du Médoc pour gagner le château de S. J'avais déjà une cargaison assez somptueuse à l'arrière de la voiture, les oreilles délicieusement étourdies par les tintements des dives bouteilles. Un moment, je crus avoir de la buée sur le pare-brise, je frottai rapidement du revers de la main, mais sans résultat : c'était le brouillard, fréquent dans ces régions, qui enfumait le paysage, si densément qu'on ne discernait rien à dix pas. Les essuie-glaces battaient la mesure en ayant quelque chose d'hypnotique. Je repensais à Nanou, la nuit où nous l'avions trouvée en train de vomir, comme si elle devait vomir jusqu'à l'âme avant de pouvoir passer à autre chose. Je la revoyais dans son chandail trop lâche, aux manches étirées sur les mains, sa jolie frimousse auréolée de ses cheveux en broussaille, mal peignés ou pas peignés du tout. Où était-elle, si elle était encore de ce monde ? Allait-elle devenir l'artiste qu'elle voulait être, faute d'autres inspirations ? Elle me tenait à cœur, tant il vrai que l'on s'attache davantage à l'être en difficulté.

La sonnerie de mon portable retentit tout à coup et je me garai sur le bas-côté pour répondre à l'appel. C'était Éliane. En parfaite greffière, elle voulait me relater ce qui s'était dit à la dernière réunion du cercle :

— Tout le monde a regretté que tu ne sois pas là, pour donner ton avis et nous retracer ton propre itinéraire, car nos conversations se sont portées sur le passage de la lecture à l'écriture : comment un lecteur devient-il écrivain ? N'est-il jamais que la somme des livres qu'il a lus, en ayant l'ambition d'un dépassement, l'impudence de vouloir ajouter un livre de plus à la grande bibliothèque universelle qui compte déjà sans doute plusieurs centaines de milliers de volumes ? Écrit-on jamais quelque chose de neuf ou ne fait-on en réalité que rafraîchir le fonds commun, lui attribuer des formes nouvelles plus ou moins originales ou réussies ? Certains d'entre nous ont estimé que pour écrire, il fallait d'abord avoir un potentiel, quelque chose à dire, un torrent de mots et d'images qui nous monte à travers le corps. Pour Mehdi, partir de sa propre expérience, en la croyant unique, n'est sans doute pas suffisant ; ne faut-il pas que s'y ajoute une part impersonnelle en laquelle chaque lecteur puisse se retrouver diversement ? Toutes ces questions sont restées pour nous sans vraie réponse. Comme s'il y avait une limite à franchir, un miroir à traverser, voire une sorte d'abîme à sauter ou un vide affolant à combler. Maylis nous a raconté qu'elle avait un neveu qui voulait devenir écrivain. Tandis qu'elle s'étonnait de ne jamais le trouver avec un livre à la main, il lui avait déclaré avec une fierté insolente qu'il ne lisait rien pour ne subir aucune influence. Mais un écrivain n'écrit-il pas toujours sous influence ? Voilà pour l'essentiel, mais dans le désordre. Je suis à la terrasse du *Champollion*, en compagnie de Victor que j'ai croisé dans la rue et qui voudrait te dire un mot....

Je le reconnus aussitôt à son ton impatient, précipité, affolé, comme si Victor avait toujours à ses trousses une horde de furies. Après un « Comment cela se passe-t-il dans le Médoc ? », sans attendre ma réponse, allant comme souvent droit au but sans tour ni détour, il m'annonça que l'on allait donner *La Flûte enchantée* au festival d'Aix-en-Provence.

— ... Et je ne voudrais pas y aller seul, dit-il, laissant ensuite s'écouler un silence en points de suspension.

Ma conférence au château de S. fut suivie d'un dîner assez épatant au terme duquel, ayant trop dégusté et trop bu, j'avais résolu, en guise de promenade digestive, de rentrer à pied à mon hôtel. Un homme du prénom de Bertie, diminutif sans doute d'Albert-Marie, qui n'avait cessé, sans mot dire, de m'observer tout au long du repas, demanda à m'accompagner. Parachuté depuis vingt ans dans le Bordelais, il était, comme moi, natif des Ardennes, ce qui nous faisait un lieu commun et un lien complice. L'air de juin était chaud, le ciel d'un bleu clair, vaste et dégagé, chargé, comme dans une image toute faite, d'une pluie d'étoiles, et d'une lune en croissant de Constantinople. Tout en marchant, s'arrêtant souvent pour souligner par son attitude un passage important, Bertie me relata avec force détails poétiques ce qu'il nommait son amoureuse initiation.

À dix-sept ans, comme son village natal dans les Ardennes était jumelé avec la ville de Chablis en Bourgogne, il avait eu des facilités, et même des priorités, à se faire engager pour les vendanges. Il s'était engagé sans trop réfléchir, par curiosité ou par oisiveté, par goût du voyage, ou tout simplement faute d'une autre inspiration, en se disant que le versant du vin lui réservait certainement des surprises et des occasions d'ivresse.

S'interrompant dans son récit, Bertie expliqua en manière de parenthèse et sur un autre ton que, jeune homme, il n'était pas attiré par les filles de son âge, lesquelles, après s'être déshabillées, croient avoir tout dit. Alors que la femme, même dévêtue, reste vêtue d'elle-même et des signes de sa vie. Elle s'offre à la lecture ; il faut apprendre du bout des doigts à lire et à déchiffrer ce solfège. On peut la dévêtir d'innombrables fois, en étant assuré de la découvrir toujours.

Bertie avait fait le trajet en stop et était arrivé à Chablis à la nuit tombée, de fort méchante humeur, les reins cassés par les mauvais ressorts d'une Lada break qui l'avait chargé à Châlons. Il s'était rendu aussitôt à la maison de ses hôtes, les Ghazarian.

— Je ne vis d'abord, dit-il, que Mme Ghazarian. Elle avait alors entre trente-cinq et quarante ans ; elle était la femme même. Transparente et belle, la peau fruitée, les cheveux blonds et aérés, d'un blond vénitien – dont il me fut révélé plus tard qu'il était artificiel en constatant la présence de certains produits de teinture dans la salle de bains, ce qui n'ôta rien à la magie ni à l'ensorcellement.

De prime abord, il avait trouvé par contre M. Ghazarian assez peu sympathique, et pour tout dire taciturne et niais. Il était une ombre au tableau et sa présence déjà exaspérante pour le Julien stendhalien que Bertie était devenu à l'instant.

— Dès la première heure du premier jour des vendanges, poursuivit-il, je compris que ce travail-là allait être pénible, répétitif, épuisant, esquintant, et pour tout dire ne correspondant à aucune de mes confuses aspirations.

Aussi était-il devenu sur-le-champ rusé, ingénieux, pratique, comédien, se plaignant de courbatures et de douleurs anormales partout. Bertie feignit des vertiges, des troubles de la vue, des malaises incompréhensibles. Comme ses pensées et ses désirs s'exagéraient entre ses tempes, il alla même jusqu'à avouer qu'il avait des envies de rendre. « Mais de rendre quoi ? » lui demanda Émile Ghazarian avec une certaine rudesse. À quoi il avait répondu : « Rendre, enfin, je veux dire : en vomir de toutes les couleurs. »

Le vigneron l'avait considéré alors d'un tout autre œil, plein de suspicion et de crainte, et l'avait doté lui-même d'une bassine pour la nuit, pour le cas où réellement il aurait des envies de rendre.

— Étant donné, enchaîna Bertie, les liens d'amitié qui s'étaient tissés entre mon village natal et Chablis, il eût été diplomatiquement malhabile de me considérer plus comme un vendangeur que comme un invité. Et c'est pourquoi sans doute on me permit de rester à la maison dès le lendemain matin, jusqu'à ce que tout allât mieux. Vers les 5 h 30, 6 heures, j'entendais Émile Ghazarian se lever seul, faire un bruit inutile dans la cuisine, et s'en aller à sa vigne. Moi, je me rendormais très franchement et très voluptueusement jusqu'à 10 h 30, 11 heures. J'étais alors réveillé de la manière la plus délicieuse du monde par Mme Ghazarian, que déjà en pensée j'osais nommer Anne-Sophie, et qui jouait au piano une fantaisie de Schubert. Mon enthousiasme d'antan veut encore aujourd'hui que cette femme jouât divinement, comme une soliste à la salle Pleyel, rien de moins, et sans doute rien de plus.

« À midi, nous mangions léger. Puis nous sortions au jardin entre ombre et soleil, mes vertiges ne nous permettant pas de nous écarter bien loin. Je m'efforçais souvent, sous prétexte de courtoisie, de la faire passer devant, ce qui me permettait d'avoir une vue cavalière sur son derrière. Postérieur qu'elle avait menu et qui bougeait comme un beau melon sous sa robe à fleurs. Je ne sais pourquoi, le derrière m'a toujours semblé une chose à part, un plus, un no man's land, s'offrant aux yeux et aux doigts comme une part récréative.

Au milieu de l'après-midi, Anne-Sophie débouchait un chablis qu'ils buvaient frais ; la femme se remettait au piano, et alors...

— ... rien que de tremper mes lèvres dans le vin, j'avais l'impression d'avoir la bouche sur elle, de glisser sur la nuque et les épaules qu'elle avait rondes et belles. Je suçais mon verre trop souvent vide. À chaque gorgée de ce vin qui variait de la transparence à l'opacité du miel, je buvais un peu de la chair fruitée de cette femme, de cette chair émouvante de fausse blonde. Je buvais la peau fluide et nue dans le corsage qui s'entrebâillait sagement quand Anne-Sophie se penchait pour chercher une autre étude de Schubert à jouer. J'avais l'impression d'être au centre d'un tourbillon, frémissant, le souffle palpitant, le pouls s'accélérant, comme si la peau nue entrevue était *le seul prolongement à la ligne invisible qui me reliait au mystère...*

« Mes étreintes, précisa Bertie, n'étaient pas inventées, imaginées ni rêvées, elles étaient bues. Aujourd'hui encore je me demande si cette femme était dupe. Elle acceptait tacitement que l'on abusât ainsi d'elle. Elle se laissait entamer par les lèvres et la fièvre, sûre après coup de se retrouver entière, intacte, sans trace d'amour, et de pouvoir plaider sa totale innocence. »

Émile Ghazarian rentrait chaque soir de ses vignes, exalté et crevé. Il les trouvait également assouvis et comme alourdis par l'air, la musique, le vin, l'intimité grande. « Pauvre Émile, commenta Bertie, il avait de plus en plus la tête du mari dans le *Conte du cuveau* de Boccace. » Dans ce conte, la femme demande à son mari d'entrer dans le tonneau pour le récurer, et elle se fait en même temps servir par le valet de ferme, devenu amant précipité ou improvisé. Guidant son mari : « C'est là qu'il faut encore frotter », elle guidait en même temps le valet vers l'entrée de son repaire le plus secret et le moins défendu.

— Pauvre Émile..., plaignit encore Bertie. Venait-il de saisir cette pensée-là ? Ou avait-il surpris un de mes regards éblouis et avides glissés sur Anne-Sophie ? « Viens », me dit-il rudement, m'entraînant à la cave. Je crus que j'y descendais pour un règlement de comptes ou une raclée. Mais pas du tout. Rien de cela. Émile me prit par l'épaule, et nous nous enfonçâmes sous les voûtes. Il me donna un tout petit verre, et il entreprit de me faire goûter les vins. D'abord à les regarder, à les lever à la lumière, puis à respirer en fermant les yeux leur odeur presque mystique. J'appris à les goûter de la pointe de la langue, et ensuite à associer les différents accents que ces vins pouvaient receler. Déguster, c'est sucer le verre, procéder par petites aspirations, en ayant bientôt la sensation de danser en reflet dans le verre...

« Quand nous sommes remontés de sa cave, tous les deux doucement ivres, conclut Bertie, des liens de sympathie, d'estime, de mystère s'étaient tissés entre lui et moi. Je ne me suis plus senti autorisé à glisser un autre regard sur la réalité charnelle et fruitée d'Anne-Sophie redevenue Mme Ghazarian, et s'activant à faire du feu parce que le vent de la nuit était subitement devenu froid.

17

Cambriolage et utopie

Du travail mal fait, ils ont laissé presque tout. Quelle opportunité gâchée ! On aurait pu changer de vie, repartir, ma femme, mes filles et moi, sous l'auréole zéro. On se serait aimés plus, à coup sûr ! Mais non, ils ont laissé jusqu'à cette grosse trace de doigt sur un morceau de la vitre brisée.

Je rapportais dans le cercle le dernier message reçu de Hubert-Antoine Ronveaux, basé désormais à Guadalajara où il avait ouvert le *coq à poil*, un resto spécialisé dans la crêpe pimentée et la gaufre fourrée. Nous communiquions désormais par le Web. Si, pour gagner le Mexique, il faut dix jours de bateau ou dix heures d'avion, en revanche les messages électroniques traversent l'espace et le temps en un clin d'œil. Les Ronveaux venaient de découvrir qu'en leur absence ils avaient été cambriolés.

On me dira qu'il faut passer par des épreuves si on veut rester au Mexique. Rapidement vient l'envie de retourner au pays. Au pays? Mais je n'en ai plus, comme une mue abandonnée sur un chemin de serpent. Il me faut donc rester dans cette ville de voleurs médiocres. Et continuer à fourrer des gaufres et à faire sauter des crêpes.

Abandonner la maison maintenant, ne fût-ce que quelques instants pour acheter des salsifis ou abreuver la voiture, donne un festin à l'extrapolation. On imagine tout de suite la souillure, le dépouillement, l'incendie ! C'est comme si en tournant les clés des trois nouveaux verrous, j'allumais le moteur du véhicule à ruine.

Et dire que l'on se forge un portrait du brigand plein de souplesse, de gestes sûrs, guidé par un instinct à dénicher le plus précieux. Toutes les qualités d'un danseur, en somme.

Mais voilà, ce crétin a choisi notre maison. Un bien mauvais choix, compte tenu de ce qu'il a emporté. Qu'aurais-je pris, moi, malfaiteur de toute façon, parmi ce fourbi qui représente sept ans de ma vie ?

J'aurais pris la fuite, certainement.

En fin de message, Hubert-Antoine disait le projet qu'il avait de revenir en France en début d'automne.

— Ce type-là vous a une sacrée tournure d'esprit, estima Raymond Bach, un ami de Richard Brars qui l'avait invité à notre réunion de fin juin, la dernière avant les vacances et la relâche jusqu'en septembre, les uns et les autres ayant durant les mois d'été leurs visiteurs, leurs familles ou leurs passions particulières et leurs voyages.

Raymond était un grand gaillard que l'on sentait libre de toute entrave, insouciant, confiant dans le présent, avec des yeux amusés et moqueurs, ou que l'on pouvait trouver amusés et moqueurs, et des cheveux noirs et épais, que le peigne ne devait pas fréquenter souvent. Il était en salopette, non pas dans la tenue d'un travailleur forcené, mais tout bonnement parce qu'il se sentait ainsi à l'aise, les coudées franches, dans ces vêtements considérés en même temps d'un point de vue esthétique (qui n'était qu'à lui).

Maylis avait reçu des œufs d'oie de ses voisins paysans de Lespinas; elle nous fit une omelette aux girolles et aux lardons, recouverte d'un coulis de tomates aux olives noires, aux oignons rouges et à l'ail de Lautrec. Un fameux fumet, se répandant dans la pièce, nous taquina agréablement les narines et titilla nos papilles. Je débouchai quelques châteaux de Médoc et servis les uns et les autres à la ronde.

Seul Raymond était resté debout, promenant son regard sur tout mais sans s'attarder à rien, sinon un bref instant sur une photographie d'un volcan d'Islande, à laquelle, pour ma part, je n'avais jamais vraiment prêté attention, pour demander, sans attendre de réponse, si l'un d'entre nous était déjà allé en Islande, et avouer qu'il avait la passion du Nord, avait fait naguère un long voyage à bord d'un bateau de la pêche aux harengs, comme dans un roman de Knut Hamsun. Là-dessus, il avala son verre de vin, d'un trait, sans en respirer l'arôme ni en apprécier les différentes strates du goût, comme s'il s'agissait de n'importe quel breuvage. Ensuite, tout en restant debout, il avala son omelette à la cuillère, sans manifester aucun contentement, comme si manger était pour lui une corvée, une obligation ordinaire de la nature, voire une servilité due au système digestif.

Après s'être frotté la bouche du dos de la main, il s'était mis à parler. À l'évidence, il tenait tout un discours en réserve. Les mots lui montaient de la poitrine comme un flot de vocables, d'illuminations, d'idées s'enchaînant les unes aux autres et s'égarant en tous sens. Raymond ne s'intéressait en littérature, et plus particulièrement en philosophie, qu'aux utopistes qu'il nommait « les ouvreurs de mondes, les décapsuleurs de l'être, les voyants d'un système idéal dans l'inaccessible rêve ».

Il nous tint une véritable conférence où il était question de la société sans injustice dans le *Callipolis* de Socrate, de l'abbaye de Thélème dans Rabelais et de l'Eldorado de Voltaire dans *Candide*. Puis il parla des « idées exaltantes » qu'il y a dans *Le Phalanstère* de Charles Fourier, dans *Le Jeu des perles de verre* d'Hermann Hesse et dans *Ile* d'Aldous Huxley, pour terminer par les écrits de Buckminster Fuller et de John Cage, sans omettre de dire un mot sur *La Cité radieuse* de Le Corbusier. Tout cela assez précipitamment, alors qu'à mon avis, chacun de ces ouvrages aurait mérité qu'il lui consacrât tout un exposé.

— On peut, bien sûr, dit-il, taxer tautologiquement les utopistes d'utopie, les accuser d'être des marchands de chimères, des faiseurs de mirages, des funambules d'illusions ou des rêveurs impénitents, mais, n'est-ce pas plutôt, depuis vingt siècles au moins, les sociétés successives d'Occident qui se maintiennent à toute force dans une utopie, généralisée de surcroît ?

Jean-René et Richard Brars approuvèrent, estimant tous deux que cette utopie généralisée s'est développée, dès l'exclusion du jardin d'Éden, dans une fausse attitude envers la vie. Elle a fait son temps, aujourd'hui périmée et pourrissante, mais ceux qui en tirent profits et privilèges ne songent pourtant qu'à la poursuivre encore, à ajourner sans répit l'inévitable constat de son déclin.

— Elle a fait de l'espèce humaine, dit Jean-René, celle qui se distingue de toutes les autres espèces par la quantité et la diversité invraisemblables de ses maladies, qu'elles soient chroniques ou incurables, parasitaires, microbiennes ou virales, congénitales ou héréditaires, mentales et psychotiques, endémiques ou épidémiques. Le cancer est tantôt au foie, tantôt à l'intestin, au cœur ou au cerveau – et la mort est comme un mauvais pli qui se fait dans la conscience.

— Mais, intervint Mehdi, la maladie n'est qu'un sous-produit. Le mal dont souffre l'humain, c'est l'homme lui-même, avec son arrogance, son orgueil, ses préjugés et son esprit rapace.

— Une civilisation où l'avocat et le médecin s'enrichissent, enchaîna Richard Brars, est une civilisation dont le moins qu'on puisse dire est qu'elle n'affiche pas des signes extérieurs de santé, d'équilibre ni d'harmonie, puisque, pour se maintenir et perdurer, elle nécessite sans répit l'enquête, le dépistage, le traitement, la défense, l'intervention chirurgicale, l'immunité et le durcissement des consignes de sécurité.

Pol-Émile, qui baignait toujours dans la littérature des grandes explorations et des voyages, parla de la découverte de l'île d'Utopie dans l'ouvrage de Thomas More, où l'on décrit un monde insulaire idéal, foncièrement égalitaire et ignorant la propriété privée, tandis que Victor en revenait à *L'Éloge de la folie* d'Érasme, lequel, dans une rhétorique humaniste, feint un monde inversé pour montrer que le plus raisonnable n'est pas celui qu'on croit.

Pour Mehdi, ces notions-là sont à manier avec la plus grande prudence, car toute utopie ne mène-t-elle pas à la dictature ? Il rappela le mot de Franz Kafka, disant qu'à chaque révolution, il y a toujours en coulisse un Napoléon ou un Staline qui attend de paraître.

— On imagine aisément le pire, dit Éliane, pourquoi ne pourrait-on pas imaginer le mieux ? Laissons l'imagination explorer le possible, l'éventualité d'autre chose ou d'un ailleurs, qui n'est jamais tout à fait nulle part, et qui nous déporte sans cesse vers la nouveauté.

— Sans parler d'utopie, dit Maylis, revenant à des propos que nous avions échangés lors de la soirée du « plaisir d'exister », nous manquons vraiment de livres qui soient une célébration de la vie quand partout on ne fabrique plus aujourd'hui que des catastrophes, des exploits sportifs, des attentats, des grippes aviaires, des crises boursières, partout de la maladie et de la mort, dans une tendance morbide à toujours tout négativer. Le monde n'en finit pas de sombrer; les êtres n'en finissent pas de s'avilir dans le mépris de soi, mais quand donc vont-ils se décider à larguer les amarres?

Bella venait d'arriver, en retard, ce qui était contraire à ses habitudes, débarquant au milieu de nous sans se soucier de ce qui se disait. Elle semblait excitée et brûlait d'une nouvelle à nous rapporter.

— J'étais à Paris le week-end dernier, dit-elle. Sortant de l'exposition Balthus qui a lieu en ce moment à Beaubourg, je marchais dans la rue Rambuteau en ayant le soleil dans les yeux. Je vis un jeune couple apparaître dans une buée lumineuse, elle en robe longue d'un tissu Liberty que l'on portait dans les années soixante, et lui dans un costume clair en toile, un chapeau panaméen sur la tête. Une vraie et belle apparition!

« Avant même de les reconnaître, leurs prénoms me vinrent aux lèvres : Nanou et Bastien! Une complète surprise et en même temps comme si quelque chose d'intuitif en moi était préparé à l'évidence que ces deux-là pouvaient former un petit monde ensemble.

« Ils me racontèrent qu'ils s'étaient retrouvés à la sortie d'un cinéma où l'on projetait *Le Temps des Gitans*. Ils s'étaient regardés, longuement, sans rien dire, cherchant dans les yeux l'un de l'autre une absolue réponse, et avaient résolu de ne plus se quitter. Le lendemain, Bastien renonçait à passer ses examens. « Nul besoin de diplôme pour ce que nous voulons faire de notre vie », me précisa Nanou en riant, de son joli rire clair, cristallin, mais non plus tellement enfantin. Elle était toute transfigurée, les cheveux mi-longs, le visage dégagé, avenant, avec cette lueur dans les yeux qui est le clair reflet du bonheur.

« Ils se sont engagés comme accompagnateurs de voyages, tour-opérateurs pour Nouvelles Frontières. Bastien ne s'en sort pas trop mal en anglais et Nanou, dont le père est allemand, parle cette langue, et possède de bons rudiments en espagnol. Ils ont le projet de créer ensuite leur propre agence de voyages, non plus dans un esprit de consommation touristique, mais dans la vraie découverte d'un pays et le contact avec ses habitants. Toujours de nouvelles rencontres et des aventures jamais pareilles.

« Vous vous rappelez, m'a dit Nanou, le soir où Jean-Pierre nous a parlé de l'Ère du Rêve en Australie ? J'avais l'impression qu'il relatait ce mythe-là rien que pour moi, que j'étais parmi les autres la seule concernée, ou que c'était seulement moi qui pouvais en tirer profit, à tort bien sûr, c'était tout de même fort prétentieux. Eh bien, en retrouvant Bastien, j'ai compris qu'il y avait en nous un rêve commun, et que, pour que ce rêve se révèle à nous, il fallait l'envoyer en l'air, afin qu'il devienne le réel de notre vie. « Le bonheur n'est sans doute pas une fin en soi, conclut Bastien, mais on ne s'en plaint pas. »

Ce fut un plaisir pour tout le monde d'apprendre cette nouvelle. Comment ne pas avoir le cœur réjoui quand deux êtres se trouvent et plongent ensemble, à Dieu vat, dans le courant de la vie qu'ils s'inventent?

Le cercle se défit ensuite et, les uns et les autres se levant, des petits groupes se formèrent. Pol-Émile et Victor continuèrent de parler d'Érasme et de Thomas More. Éliane s'entretint avec Bella, puis passa à d'autres sujets avec Maylis. Mehdi expliqua à Jean-René où il avait trouvé la citation de Kafka, tandis que Robert et Bertrand discutaient d'un livre qu'ils n'avaient pas lu mais dont le seul titre – *La Société du mépris de soi* – les intriguait. Quant à moi, après avoir débouché d'autres châteaux de Médoc, je rejoignis Richard Brars et Raymond, lequel expliquait qu'il venait d'acheter à Cahors, dans la vieille ville, une maison pour trois fois rien : 8000 euros, là où les maisons se vendaient aujourd'hui entre 150000 et 200000 euros. C'était incompréhensible, ahurissant, suspect : quelle maison pouvait-on acquérir aujourd'hui pour une somme aussi dérisoire, à moins de la trouver en ruine? Raymond, lui, s'en montrait ravi et mesurait la chance qui était la sienne. Il ne tenait qu'à nous de lui rendre visite. Et nous le prîmes au mot. Rendez-vous fut pris pour le samedi suivant.

À Cahors, la vieille ville semble un domaine oublié, retranché dans le temps ou dans je ne sais quelle alvéole de la mémoire du monde, avec sa résille de ruelles tortueuses et étroites qui conservent en été une ombre froide, bleuâtre et pour ainsi dire moyenâgeuse, jusqu'en bordure de la rivière qui décrit là un grand méandre et paraît contenir le quartier comme au fond d'une nasse, les arbres de la berge se reflétant, sans rumeur, sur le miroir verdâtre des eaux. J'y étais avec Richard Brars, et Bella avait voulu aussi être de l'aventure.

La maison que Raymond Bach venait d'acquérir était dans une impasse, et même en retrait dans cette impasse, avec comme une courette devant et tout le long d'un mur une bande de jardin fort étroite (à peine deux coudées de large), où il envisageait de planter choux, céleri et poireaux. Mais le plus surprenant, c'était qu'à la croisée de l'impasse et de la rue, il y avait un W-C sans porte, qui avait sans doute été naguère un W-C public, et qui l'était peut-être encore car je remarquai un rouleau de papier-toilette accroché à un fil de fer. Ça vous laissait une impression assez bizarre et navrante.

Raymond nous accueillit dans la même salopette, un serre-tête fixé sur le front parce que des boucles lui tombaient dans les yeux.

— Entrez, mais entrez donc, dit-il, s'accompagnant d'un geste bien amène.

La maison était composée d'une pièce en bas et d'une pièce en haut, à laquelle on accédait par une échelle de meunier, avec au fond une porte qui faisait face à la porte d'entrée, mais dont Raymond ne nous dit pas sur quoi elle donnait. Côté gauche, sur la cuisinière dont il nous précisa qu'elle était de récupération, il n'y avait qu'une seule marmite dont le couvercle dansait sous des poussées de fumée en dégageant un arôme qui n'était pas, ma foi, désagréable. Au milieu, une table ronde et cinq chaises dépareillées. Côté droit, une grande armoire vitrée pleine de provisions et de vaisselle, et une étagère à claire-voie chargée de livres et d'une pile impressionnante de CD.

Je sentis un mouvement presque félin derrière moi et je me retournai à l'instant où une fille descendait l'échelle. Raymond nous présenta Francie, avec laquelle il vivait « pour l'instant ». Elle ne paraissait pas de première fraîcheur bien qu'elle fût sans doute assez jeune, avec une allure baba cool, vêtue d'une longue robe en tissu indien, avec des colliers de verroterie, une série de bracelets qui tintinnabulaient à chaque geste, et une fine chaînette en or à une cheville. On la devinait libre, dissipée, inactive et un peu mystique. Elle nous embrassa comme si nous étions de vieilles connaissances, et je fus surpris et même ému par la lisseur soyeuse de ses joues.

J'avais apporté du vin et je proposai de le prendre en apéritif. Comme Raymond, sans entendre, montrait à Richard les ouvrages qu'il avait en cours de lecture, Bella se mit en devoir de chercher des verres et, les trouvant sales, de les rincer dans l'évier.

La conversation alla presque aussitôt bon train. Francie revenait de Malaga et, après nous avoir dit que « c'était vraiment cool », elle ne voyait rien à ajouter. Raymond semblait ravi de l'atmosphère festive qui s'était bientôt créée. Richard Brars le relança sur le chapitre des utopies et, parmi tant de choses et d'autres, il nous dit ceci qui m'intéressa beaucoup :

— Littéralement, dit-il, utopie signifie « sans aucun lieu ». Elle est à la fois nulle part et partout, dans les coulisses du monde. Mais le drame, le désastre ou la malédiction, c'est lorsque des idées nouvelles pour une société idéale parviennent à s'incarner, à se matérialiser dans la vie. La fatalité, c'est que tout tourne rapidement au vinaigre dès qu'on cherche à mettre l'utopie en pratique. Les meilleures idées peuvent vous engendrer les choses les plus abominables, et même donner naissance à des systèmes totalitaires, si bien qu'à mon avis il est préférable que les utopies nous restent à jamais dans la tête. Elles composent alors en nous un univers parallèle, un merveilleux pays de cocagne, ou disons un chantier de rêves en perpétuelle évolution, où se réfugier mentalement quand notre monde américanisé à outrance est décidément impossible à supporter...

Sur ces mots, Raymond proposa de passer à table. Il saisit la marmite et la posa sur un carreau de terre cuite en guise de sous-plat. Nous pouvions comprendre que le dîner allait se résumer à ce seul plat de consistance : un riz complet aux légumes, trop cuit et qui avait attaché au fond de la marmite, que Francie proposa d'accommoder avec du tamari, une variante assez réussie de la sauce soja.

Nous nous étions mis à manger quand, tout à

coup, des gens entrèrent par la porte du fond pour sortir par la porte d'entrée, sans nous saluer, sans même nous lancer un regard. Bella et Bertrand en étaient également surpris. Francie semblait y être accoutumée, et Raymond, lui, n'y avait pas du tout prêté attention. Un peu plus tard, les mêmes gens repassèrent dans l'autre sens. Puis ce furent deux jeunes garçons qui bavardaient bruyamment entre eux et se préparaient sans doute à sortir en boîte. Ensuite, il y eut une femme seule, qui traversa la pièce en nous souhaitant bon appétit.

J'avais l'impression d'être dans une séquence inédite de ce film de Buñuel qui reste dans toutes les mémoires, *Le Charme discret de la bourgeoisie*, et je demandai à Raymond qui étaient tous ces gens. Il expliqua sans embarras qu'il y avait derrière une autre impasse, et un ancien droit de passage, toujours en vigueur, à travers sa maison. Autrefois, quelqu'un dont l'histoire n'a pas retenu le nom avait monté des murs entre les deux impasses, pour se créer une demeure à moindres frais, tout en permettant aux gens du quartier de passer par chez lui.

Ce qui expliquait l'achat pour « trois fois rien », sans que Raymond, apparemment, s'en ressentît le moins du monde incommodé. Curieusement, cette explication claire et nette n'entama pas notre bonne humeur, bien au contraire; l'atmosphère festive en fut même ravivée. On continua à boire du vin et à bavarder à l'envi. À un certain moment, Bella demanda où étaient les toilettes, et Raymond s'étonna qu'elle ne les eût pas remarquées en arrivant.

— Mais, à ton W-C, il n'y a pas de porte !

— Crois-en mon expérience, dit-il. Quand des gens passent, ils détournent aussitôt les yeux. En réalité, ils sont plus gênés que toi.

18

Des yeux sans visage

« Si tu vois quelqu'un qui va tomber, pousse-le », recommande un poète soufi – un précepte que nous devrions toujours avoir à l'esprit lorsque quelqu'un voudrait se servir de nous comme d'une bouée, une planche de salut, une béquille ou un garde-fou. Ce que le poète soufi, dans sa sagesse d'une évidence imparable, veut assurément signifier, c'est qu'en empêchant l'autre de tomber, on le priverait d'une possibilité de renouveau, d'une chance de changement : c'est par la chute, justement, qu'il pourra se récréer à frais nouveaux – enfin, si tout se passe au mieux.

Victor, Vernes de son nom, est de ceux dont on appréhende à tout instant qu'ils ne trébuchent et ne valsent par terre. Il chancelle toujours légèrement, ne paraît jamais être bien assuré sur ses jambes, et vacille parfois à la manière d'un homme ivre ou comme s'il était sur le pont d'un bateau qui tangue, jusqu'à ce que l'on comprenne que c'est là son air habituel, son genre particulier. Certains ont un ordre dans leur désordre, et Victor, lui, semble trouver son équilibre dans un déséquilibre permanent.

Un soir que nous sortions d'une réunion du cercle, il m'avait pris à part, regardant autour de nous, et m'avait avoué qu'il se sentait souvent observé. Des yeux le suivaient, l'épiaient, saisissaient même ses pensées les plus secrètes. « Des yeux sans visage », m'avait-il précisé. Une confidence qui aurait dû me mettre la puce à l'oreille.

Le personnage, par contre, est sans mégalomanie ; il vit seul, sans grande ambition, sans envie démesurée, et n'a de passion que pour les livres, et plus encore par les livres, comme par procuration. Tous les livres, de fiction comme de non-fiction. Un véritable bibliophage enchanté que tout intéresse, qui s'intéresse à mille choses, avide de tous les savoirs et de toutes les sensations, et qui ne regarde la télévision que lorsqu'il y a des documentaires animaliers, des matches de basket féminin, ou des opéras retransmis en direct. L'opéra, c'est son autre grande passion – à ses yeux, le spectacle absolu. Malheureusement, le petit écran, comme si on vous obligeait à regarder le vaste monde océanique par une lucarne, ne restitue en rien la dimension magique, fabuleuse et enchantée des décors, des costumes, des lumières, des musiques et des voix. Un opéra, pour n'en rien perdre, estime Victor, il faut le découvrir en vrai, en étant dans l'atmosphère nocturne de la salle.

Il m'avait, à plusieurs reprises, reparlé de *La Flûte enchantée* qu'on allait donner au festival d'Aix-en-Provence. Victor voulait y aller mais pas se hasarder seul dans un long voyage en voiture ; il m'avait invité à l'accompagner, m'offrant l'hôtel et se chargeant de réserver les billets ; dans ces conditions, pourquoi refuser, d'autant qu'il y aurait du Mozart à la clé et que j'avais envie sinon besoin d'un dépaysement. Nous conduirions à tour de rôle et j'avais seulement demandé à me charger de l'itinéraire. Victor n'y voyait aucun inconvénient ; sur ce plan-là, il me faisait confiance, assuré avec moi de traverser les paysages par le chemin des écoliers. Il avait aussi en tête de profiter de l'excursion pour aller voir la montagne Sainte-Victoire, descendre dans les calanques de la côte et peut-être pousser jusqu'à Marseille où il était né et avait grandi. Pourquoi pas ? J'étais ouvert à tout. C'était la première fois que j'allais passer autant de temps à la suite avec lui.

Nous étions partis au point du jour, dans sa voiture assez spacieuse, une Mazda 626 âgée d'une quinzaine d'années, dont il avait rabattu la banquette arrière pour que nous puissions mieux placer nos bagages, au milieu de toutes sortes de caisses où l'on distinguait un bidon d'huile de moteur et un autre de liquide de refroidissement, et une grande boîte d'outillage « pour le cas où ». Il avait choisi de voyager en salopette de toile (inspiré en cela par Raymond Bach) pour se sentir à l'aise, avec une casquette de golfeur à longue penne, et un T-shirt marqué *University of California.*

Je ne lui avais jamais connu tant de mauvais goût, mais Victor semblait vouloir afficher ainsi sa désinvolture, un esprit décontracté, la volonté même d'être en vacances.

Les lumières s'étaient levées comme une grande lessive éclatante à la douve de l'horizon, dégageant sous un soleil radieux un ciel profond, vaste, sans nuages, d'un bleu quasi minéral. Arrivés bientôt à Villefranche-de-Rouergue, nous avions pris la route de Millau par Pont-de-Salars, et gagné le causse du Larzac, La Cavalerie, le Pas de l'Escalette, le cirque de Navacelles, pour obliquer ensuite vers Saint-Martin-de-Londres, descendre vers Sommières, rejoindre à Lunel la nationale vers Arles. La Mazda, le moteur ronronnant en sourdine, dévorait les kilomètres avec l'allégresse d'une monture lancée dans quelque grande expédition aventureuse, à travers l'étonnante variété des paysages, leur variation même, comme dans une partition sans cesse changeante où les parties pierreuses des causses succédaient à des vallonnements, aux dodelinements de collines, aux garrigues et aux forêts de pins. Si bien que j'avais l'impression d'être, non pas dans une progression linéaire, mais comme à l'intérieur d'un vaste kaléidoscope dans lequel, par de nouvelles combinaisons, le paysage s'offrait sans discontinuer sous des motifs différents.

En cours de route, Victor parla d'un savant japonais qui poursuivait une recherche sur les amibes, ces petits êtres protozoaires, unicellulaires, dont l'organisme de vie est réduit à la plus simple expression, et qui ont à nos yeux une existence presque abstraite. L'amibologue du soleil levant, si je peux le baptiser ainsi à défaut d'avoir retenu son nom, a démontré que l'amibe se débrouille de façon intelligente dans toutes les épreuves qu'on lui impose en laboratoire, particulièrement dans celle d'un labyrinthe de verre où elle doit chercher sa nourriture. Tournant la tête vers Victor, je fus surpris de lui voir des yeux embués d'émotion.

En moins de six heures, et pourtant sans nous presser, gardant notre humeur buissonnière, nous avions atteint le petit Rhône. Midi sonnait au campanile d'une église de campagne. Nous avions garé la voiture sous des arbres en bordure du fleuve et Victor avait sorti du coffre une mallette de pique-nique en osier, assez pareille à celle que l'on voit dans *Le Déjeuner sur l'herbe*. Le vent remuait les branches et remuait en même temps des ombres claires sur nos visages, tandis qu'il disposait deux verres, des assiettes et des couverts, déballait des rillettes d'oie, du jambon de Bayonne, un assortiment de fromages, et débouchait une bouteille de bordeaux, que nous prîmes en apéritif, levant notre verre à notre bonne santé à tous deux, au ciel bleu, aux matches de basket féminin et à la flûte enchantée capable, disent certains plaisantins, de « se jouer de tous les trous ».

Tout à coup, se courbant, Victor me souffla à voix basse : « Surtout, ne te retourne pas, fais comme si de rien n'était, on est observés. »

D'instinct je restai figé, interdit, sans comprendre ce qui se passait, d'autant que nous étions seuls, sans âme qui vive à la ronde. Je n'avais aucunement l'intention de me laisser piéger ni de basculer dans les fantasmes et les phobies de Victor; aussi, comme la menace était dans mon dos, et qu'il me fallait en avoir le cœur net, je me retournai brusquement vers le Rhône.

Quelle ne fut pas ma surprise de distinguer, non loin de nous, un œil énorme surgi au milieu des eaux! Un œil qu'Odilon Redon aurait pu peindre, l'œil même de la pieuvre gigantesque que Victor Hugo décrit dans *Les Travailleurs de la mer*! Soudainement, cet œil-là qui nous observait à l'évidence disparut, englouti, laissant quelques cercles évasifs en surface. Je n'avais pas eu la berlue. Je n'avais pas rêvé. « Tu vois bien..., dit Victor avec un petit air impudent de triomphe. Quand je te disais que l'on m'épiait, ce n'était pas que dans ma tête. »

Reprenant la route, nous nous arrêtâmes dans le premier bar-tabac venu pour prendre l'indispensable petit café après notre pique-nique; comme je parlais au patron de l'œil énorme qui nous était apparu, celui-ci éclata franchement de rire puis nous apprit qu'il n'est pas rare que des dauphins remontent le petit Rhône, et sortent la tête des flots, tant ils sont curieux des humains. Des dauphins, et quelquefois même, paraît-il, des requins. C'était au moins une explication plausible.

Nous avions roulé ensuite vitres baissées, sans bien nous rendre compte de la chaleur qui grandissait, et quand nous arrivâmes à Aix-en-Provence, il ne faisait pas moins de trente-six degrés à l'ombre. C'était accablant. L'air stagnait, sirupeux, suffocant. Nous n'avions pas trouvé à garer la voiture ailleurs que dans un parking payant, et nous étions allés à pied jusqu'à l'hôtel prendre possession des deux chambres que Victor avait réservées; elles donnaient sur une arrière-cour flanquée d'un grand palmier et peuplée d'une colonie de chats tigrés. D'un commun accord nous avions décidé de faire la sieste, de nous rafraîchir et nous détendre pour nous retrouver en fin d'après-midi et faire un tour dans la vieille ville renommée pour le nombre de ses fontaines : tant de sifflotements et de roucoulements d'eau ont des échos clairs jusque dans l'obscurité bleuâtre des placettes oubliées et des ruelles étroites, sous la voilure des linges et des lingeries à l'étendoir des fenêtres.

Le temps qui, durant toute la journée, s'était étiré nonchalamment, d'une élasticité merveilleuse, avait pris une tout autre cadence au retour de notre promenade : tout à coup, il filait, se précipitait. Déjà 18 h 30. Repasser par l'hôtel pour me changer : 19 heures. Victor, toujours en salopette et casquette à penne, ne voulait mettre son costume qu'à la dernière minute pour être assuré de ne pas le souiller. Courir jusqu'au restaurant où il avait réservé une table et passer commande : 19 h 15. Il y avait foule et le service traînait en longueur. À 19 h 45 heures nous n'étions toujours pas servis. Comme la représentation était à 21 heures précises, et qu'il était préférable d'être devant les guichets dès 20 h 30, je suggérai à Victor de changer ses plans et de retourner promptement à l'hôtel pour mettre son costume. 20 heures : nous étions servis, mais Victor n'était pas de retour. 20 h 15 : il revenait tout essoufflé et en sueur ; il lui restait moins de dix minutes pour avaler à grosses bouchées son cabillaud aux petits légumes, vider deux verres de vin et emporter ses profiteroles en les roulant dans sa serviette, pour les déguster un peu plus tard, dans la file d'attente, en se tournant de côté de manière à éviter les regards.

La représentation fut magnifique – il n'y a pas d'autre mot. Dès l'ouverture, les premières mesures, on se sentait pris, emporté, transporté dans un océan de musiques et de voix. Les costumes étaient somptueux, les décors admirables, comme montés d'un monde englouti ou d'un au-delà des songes, sous les lumières tantôt d'un bleu lunaire, tantôt du jaune safrané des forêts ensoleillées. J'avais l'impression de perdre toute matérialité, de devenir subtil, gracieux, aérien, voyageant et me fondant dans l'atmosphère enchantée, lorsque, tout à coup, Victor fit un esclandre, criant, presque hurlant : « Impossible ! Insupportable ! » De rangée en rangée, des gens se retournaient vers lui, poussant de grands « Chut !... », tandis que Victor continuait de lancer ses invectives : « Absurde, révoltant, inadmissible ! » Je le tirai par le pan de son veston pour l'obliger à se rasseoir. « Qu'est-ce qui se passe ? » dis-je.

— Ils ont mis le même costume à la Reine de la Nuit et à Pamina, la fille de la Reine de la Nuit ! Il se redressa brutalement, criant encore : « Psychologiquement impossible !... Perversité ! Perversité !... » De plus en plus de gens se tournaient vers lui, agacés, furieux, poussant de plus grands « Chut !... », certains demandant même qu'on sortît l'émeutier. Victor s'était replié de lui-même : « Tu vois bien, me souffla-t-il, tout le monde m'en veut !... »

Sous un air bougon, incompris, il continua de regarder le spectacle, sans broncher, sans plus se manifester, en ayant finalement un air réjoui. Plus tard, nous retrouvant dans les rues, revenant vers notre hôtel, je l'interrogeai sur ce qu'il avait trouvé d'inconvenant et de psychologiquement impossible dans le fait que la Reine de la Nuit et sa fille fussent affublées du même costume. Victor se répandit alors fébrilement en un flot d'explications auxquelles je ne saisis pas grand-chose.

Il aurait fallu, je crois, un spéléologue de l'inconscient, un explorateur des complexes, à tout le moins Sigmund Freud lui-même, pour comprendre ce qui avait tant heurté Victor. Excepté que je me rappelais qu'un jour, feuilletant un magazine féminin dans la salle d'attente de mon dentiste, j'étais tombé sur un dossier consacré aux mères et aux filles qui, aujourd'hui, de plus en plus nombreuses, se comportent entre elles comme des copines, et vont même jusqu'à s'habiller des mêmes vêtements ; ce copinage-là, pathétique, m'avait d'abord étonné, mais ensuite, je m'en étais trouvé sourdement irrité.

Le lendemain, nous nous étions retrouvés au petit déjeuner. Victor m'avoua qu'il avait passé une sale nuit ; il paraissait pourtant en forme et plein d'appétit quand il ne dévora pas moins de quatre croissants, deux yaourts et deux parts de melon, en émettant des petits grommellements de contentement. Enfin, il reprit du café au lait et, tout en tournant avec sa cuillère, me proposa de descendre jusqu'à Marseille, sans me dire encore l'idée qu'il avait derrière la tête.

Moins d'une demi-heure plus tard, nous sortions de la ville et, préférant la nationale à l'autoroute, nous mettions le cap au sud. Le mistral soufflait, remuait les palissades de canisses, et le ciel bleu semblait s'affoler au travers des branches de pins. Victor conduisait à belle allure lorsque je lui fis remarquer que la jauge à essence était dans le rouge. « On va refaire le plein !... » dit-il avec enthousiasme. Il s'arrêta à la première station venue et se chargea lui-même de faire... « le plein de super !... ».

Comme nous redémarrions, il se produisit un événement fâcheux. Victor avait oublié sur le toit de la voiture sa sacoche ouverte, laquelle contenait entre autres choses six ou sept cartes bancaires et une bourse d'un style moyenâgeux, renfermant environ deux cents euros en pièces de un euro, de cinquante et de vingt centimes pour les parkings, les parcmètres, les distributeurs de cigarettes ou de boissons. Et voilà que sa sacoche avait volé en l'air, son contenu répandu sur la chaussée, cartes de crédit et menue monnaie ! S'apercevant de la chose dans le rétroviseur, Victor freina brutalement, au risque de créer un accident, et, sortant de la voiture à peine arrêtée, se mit en devoir de tout récupérer, en faisant de grands gestes pour signifier aux voitures de se porter de côté, sans s'occuper des coups de frein, des coups de klaxon, des injures qu'on lui lançait au passage. Il réussit à récupérer le nombre exact de ses cartes bancaires, mais pour ce qui est de la monnaie, il dut en perdre une bonne partie. Revenant vers la voiture, encore tout remué, essoufflé, Victor me demanda de prendre le volant, s'assit sur le siège passager et, comme je repartais, se plaignit d'avoir un mal de tête abominable (on aurait eu la migraine à moins). Il prit deux aspirines effervescentes dans la bouche, avala une grosse gorgée d'eau à même le goulot de notre bouteille commune de Volvic, gardant ensuite les joues gonflées, les lèvres pincées, pour contenir le bouillonnement des bulles gazeuses, quand, tout à coup, un motard tout damasquiné de noir, casqué et lunettes noires, dressa la main vers nous pour nous signifier de stopper. Je ralentis aussitôt, freinant un peu trop brusquement. Victor, dans la stupeur, rejeta toute la mousse bruissante de ses aspirines effervescentes, en criant : « On m'arrête !... C'en est fini de moi... » Mais non, fausse alerte, le motard traversait simplement la route pour retrouver un autre motard contrôlant un camion de transit. Victor, encore sous le choc, tout congestionné, cherchait une série de Kleenex pour éponger la mousse blanchâtre répandue sur son T-shirt. Il ne se plaignit plus ensuite d'aucune migraine.

Tout un temps il garda le silence, regardant par la vitre le paysage qui déroulait les mêmes motifs de pins parasols, de terrains vagues, de panneaux publicitaires, de toits en tuiles romaines et de piscines aux reflets bleus derrière les palis de canisses.

Comme nous n'étions plus qu'à une douzaine de kilomètres de Marseille, et que je le sentais ou le devinais de plus en plus anxieux et tiraillé d'émotions, Victor me parla de sa relation avec les femmes, thème qu'il n'avait jamais abordé avec moi ni avec aucun autre membre du cercle, je crois. Il avoua d'emblée qu'il n'avait guère remporté de succès en amour. Plutôt des passades, des approches, des intrigues qui tournaient rapidement en eau de boudin. «Pourtant, dit-il, je ne crois pas avoir quelque chose de moins que les autres...» Je pensais au contraire (sans méchanceté) qu'il avait quelque chose de plus, mais un plus qui pouvait être ressenti comme beaucoup trop par les femmes.

L'idée qu'il avait derrière la tête, c'était, près de quarante ans plus tard, de retrouver, à Marseille, Gisèle, son premier amour au temps du collège, qui lui avait permis plusieurs fois de lui tenir la main au cinéma, à la séance du dimanche après-midi. Victor me décrivait une fille, à l'époque, mince, élancée, pétillante, ivre de vie, évoluant en mouvements lestes, comme si, précisa-t-il, elle lévitait et dansait dans les airs. Il espérait avec beaucoup d'intensité sentimentale qu'elle habitait toujours au même endroit, un appartement avec terrasse donnant sur le port, et s'inquiétait de savoir si elle s'était mariée ou pas.

Moins d'une demi-heure plus tard, nous y étions. Devant la porte cochère d'un immeuble à quatre étages. Victor, trop ému de voir que le nom de Gisèle était encore dans la série des sonnettes, le cœur lui sautant sans doute en cascades sous les côtes, me demanda de sonner à sa place.

Presque aussitôt une silhouette d'homme se pencha à une des fenêtres du quatrième :

— *Fatche !* cria-t-il. C'est Vivi !... Gigi, viens-y voir, c'est Victorin !

Victor m'expliqua, ahuri de le voir là-haut, que c'était Bébe – Robert, son meilleur ami du temps de l'école – et que Vivi était le nom que les autres lui donnaient à l'époque.

Bébe nous jeta la clé enveloppée dans un foulard. Tout à la fois impatient, exalté, hagard, Victor voulut se lancer dans les escaliers, mais je le retins : « Tu vas t'essouffler et tu ne seras pas au mieux de ta forme... » C'était tout de même une épreuve qui l'attendait. Il était préférable d'y monter à l'aise.

Gigi lui ménagea un bel accueil :

— Hé bê ! Mais c'est bien vrai !... C'est notre Victorin !...Tu n'as pas changé, toujours la même bouille de fada, mais de fada intellectuel, hein ? Fais-toi voir, laisse-moi t'embrasser...

Bien qu'il n'en laissât rien paraître, Victor, lui, fut sans doute assez estomaqué de retrouver en chair et en os son premier amour après tant d'années. Le moins que l'on puisse dire, c'est que Gigi n'avait plus l'âge ni la grâce de léviter ni de danser dans les airs. La fille leste et gracile était devenue assez hommasse ; on eût dit un grenadier ou un grognard revenu de campagne, excepté qu'elle avait conservé un beau visage doux, plein de subtiles nuances.

Victor me présenta comme « un ami écrivain, qui l'accompagnait... », et Bébe estima doctement qu'il n'y a pas de sot métier. Aussitôt la pièce fut pleine de ramages ; ce fut la faconde, le bagout, le langage haut en couleur, des mots se terminant en *-fiousse*, en *-gasse*, en *-masse* ou en *-bieng*, des syllabes qui semblaient des cisaillements de cigales, des voyelles étourdissantes comme des bouffées de lavande.

J'avais l'impression de tomber dans du Pagnol. Non pas du mauvais mais du très bon Pagnol, avec des grands sentiments simplistes, des effusions grandioses, des yeux qui roulent, toutes les mimiques accentuées, des psychologies profondes sous des airs ingénus, tout cela à vous fendre le cœur.

— On ne va pas rester estramassé, mais fêter cela, décréta Bébe. C'est bien le moment de boire quèque chose ?

Et aussitôt, sur la table recouverte d'une toile cirée, il y eut du pastis, du rosé de Provence bien glacé pour ceux qui préfèrent, et un ravier d'olives noires, et un ravier d'olives vertes, et des croquants, des calissons, des navettes à la fleur d'oranger.

Pendant que Gigi et Victor plongeaient dans leurs souvenirs communs, se rappelaient un tel ou une telle, Bébe, tout en les surveillant du coin de l'œil, s'intéressait vaguement à moi :

— Sûr que vous n'êtes pas du pays, vous ? D'où vous v'nez ?

Je dis des causses du Lot et, avant, des forêts d'Ardenne. Ce n'eut pas l'heur de l'accrocher beaucoup. Pour Bébe, il n'y avait que Marseille, et particulièrement le quartier de la Belle-de-Mai, où il était né. Il me tint alors une véritable conférence, d'une certaine hauteur dans la spéculation philosophique, sur le fait que «Marseille, aujourd'hui, n'était plus Marseille, tout en restant Marseille...».

À un certain moment, j'en eus assez de m'occuper la bouche avec des olives noires et des olives vertes, de déguster ce rosé de Provence que l'on vous sert toujours glacé pour que vous n'en perceviez pas le goût véritable, assez aussi de voir cette Gigi hommasse rire comme une dinde qui se rengorge, et même agacé par l'ami Victor, prostré en figure pathétique au milieu du tableau, et qui regardait par moments vers moi, perdu, gêné, égaré, sans oser déclarer qu'il était déjà tard et que nous devions nous en aller.

Profitant de ce que Bébe était parti à la cuisine rechercher des glaçons, j'allai sur la terrasse de laquelle on avait une vue large sur le port. Quelles lumières extraordinaires!... Des miroitements, des étoilements sur les eaux, partout des reflets de laque, la variété invraisemblable des gris et des bleus composant par touches rapprochées une vaste peinture abstraite, si l'on plissait à demi les paupières. Tant de beauté me causait en même temps une inexplicable tristesse.

19

Le Coq à poil

... Et soudainement ils furent là, au milieu de notre maison, comme s'ils avaient toujours été présents en d'invisibles contours et s'étaient matérialisés à l'instant, ou comme si, au départ du Mexique, ils avaient usé d'une machine à remonter le temps et à traverser les espaces, alors que, plus prosaïquement, ils venaient de faire dix heures d'avion, sans paraître aucunement souffrir du décalage horaire.

Six ou sept ans auparavant, Hubert-Antoine nous était apparu un jour d'été, porté par le vent d'autan; il nous revenait un début d'automne, alors que des braises rouges brûlaient dans les érables et que les fruits mûrissant en avance, poires guyot, figues et châtaignes, laissaient présager un hiver précoce.

Minna et moi le trouvâmes changé, plus grand que dans notre souvenir, non pas comme s'il avait poussé une tête de plus, mais avait grandi de l'intérieur, était devenu libre et spacieux en lui-même, avec moins de toupet ou d'arrogance et davantage de quiétude et d'assurance.

Nous découvrions Liz, sa belle épouse mexicaine, la croupe finement rebondie dans un jean, avec de grands yeux noirs où brillait la même étincelle que dans le regard de Joan Baez, tandis que, s'échappant de leurs bagages, deux petites filles se mettaient à voltiger partout comme des colibris, semant une vie toute en cris, en couleurs et en petites chamailles pour se disputer le privilège de caresser nos animaux.

— Nous les avons éduquées, dit Antoine, à baptiser les rêves de noms d'oiseaux, à construire des rires avec le sable, à semer le trouble dans l'obscur, à chanter avec l'eau, à ne jamais écouter leurs parents; nous leur avons tout appris, sauf à devenir. Grandir, j'espère que ce ne sera jamais le projet de nos filles.

Comme dans la scène biblique du retour du fils prodigue, j'allai à la cave chercher mon meilleur vin. Pour fêter l'événement, il fallait au moins une oie rôtie, que j'allais accompagner, selon une recette allemande, d'une compote de chou rouge et de pommes à cidre avec muscade, cumin et cannelle.

Après le dîner qui plut à tout le monde et fut bien arrosé, et après avoir couché les deux fillettes rompues par leurs jeux et qui répétèrent en litanie avant de s'assoupir les noms de tous nos animaux, nous nous étions rapprochés du feu qui pétillait dans l'âtre, créait un clair-obscur et portait une lueur d'or sur nos visages. Antoine nous raconta alors, en long et en large, l'itinéraire qui avait été le sien, qui l'avait conduit au Mexique après tant de dérives, tant d'aiguillages et de hasards tant heureux que malheureux, à Guadalajara où il vivait à présent, à l'enseigne mystérieuse du *Coq à poil*.

— J'avais donc, commença-t-il en regardant Minna qui l'avait naguère poussé au défi et à l'audace, acheté un billet d'avion pour une destination qui la ferait rêver, mon amour, ma Pandora, une destination dans laquelle j'apparaîtrais, moi, comme un véritable héros, un aventurier magnifique. Patagonie... Ah ! la Patagonie, volcans, lacs immenses d'eau pure, nuages en troupeau, l'infini vertical comme le décrivait Pierre Drieu la Rochelle à Borges, la pampa, l'espace à n'en plus finir. Dieu de Dieu, quel pays pour un héros !

« Je m'aperçus, au moment même où je mettais le pied dans l'avion, que mon amour n'était plus avec moi. Je ne pouvais plus la serrer, mettre mon nez dans ses cheveux, mes mains sur ses seins, embrasser sa bouche aux lèvres en quartier de mandarine, sentir son odeur de lait tiède.

Je regardai un instant Liz qui le couvait des yeux, avec tendresse, paisible, d'une attention sans équivoque, retrouvant apparemment sans heurts cette histoire qu'elle connaissait à l'évidence, tandis qu'il poursuivait :

— Arrivé en Patagonie, j'aurais voulu être quelqu'un d'autre que moi, et pourtant, il fallait assumer son statut de héros, décrire le paysage époustouflant, inventer des péripéties, les chutes dans les glaciers, les condors qui vous griffent, les steaks de trois kilos, les vents qui renversent ! Il fallait être étonnant, et l'écrire, tous les jours, à l'amour. Jamais homme ne fut plus malheureux. Je l'aimais, j'avais besoin d'elle et j'avais voulu être autre chose que moi. Alors, le cœur plus sec qu'une cacahuète, voyant partout mon amour absent, je ne distinguais rien de l'extraordinaire pays que je foulais, aveugle devant le privilège immense de traverser la beauté pure du monde.

« En traversant les patagons, de Ushuaia à Puerto Mont, en bateau, à cheval, dans le froid et avec un mauvais sac de couchage, seul dans une petite tente igloo qui ressemblait au ventre d'une femme enceinte, se forma, et comme à mon insu, le fœtus d'un type qui était moi ou presque moi, et qui se transformait graduellement. Cette immense solitude fut une traversée du miroir. Je sus mes limites et j'apprivoisai ma souffrance, toutes ces évidences qui étaient des espoirs fondus sur le fil de la réalité.

Toujours sur sa dérive, Antoine était arrivé en Bolivie. De l'Altiplano jusqu'aux yungas vertes et tropicales, il avait franchi la route de la mort, quand on passait de quatre mille cinq cents à six cents mètres le long d'un chemin à flanc de précipice, et il avait décidé de visiter les mines d'or souterraines, et même de s'y faire engager pour un temps.

— Les pieds dans l'eau, raconta-t-il toujours avec sa verve coutumière, un casque trop petit sur la tête, à charger des sacs de sable de vingt kilos en évitant les wagons fous, tout cela pour l'expérience. Le soir, j'écoutais, à travers les quelques dents que les feuilles de coca mâchées toute la journée leur laissaient, les récits des mineurs, les filons d'or, les dangers de la dynamite, les femmes que l'on voyait dans le noir... Une nuit de cette intense semaine où je me blessais en moyenne une fois par heure, une mère souris choisit mon sac de couchage pour accoucher et je la vois encore, au matin, avec ses six petits qui ressemblaient à des ongles mous, me révélant que la vie est quelque chose.

Antoine marqua un temps d'arrêt. Je regardai Minna qui me regardait, l'un et l'autre tout éclaboussés intérieurement par son histoire, tandis que Liz souriait en sourdine. Notre bel aventurier se resservit de l'armagnac, leva son verre à la clarté du feu pour observer le jeu fuyant des reflets. Ensuite, il reprit son récit, mais cette fois dans un style télégraphique, sautant les étapes. Comme pour en finir avec une partie de sa vie sur laquelle il aurait voulu ne plus revenir. Après la Bolivie, il y avait eu le Brésil. D'autres couleurs, d'autres corps et d'autres bouches. À Rio, il dut loger dans une maison de passe dans laquelle « il ne faisait l'amour qu'avec des punaises tandis que les murs lui enseignaient des gémissements en portugais ». Coincé là par un érysipèle. La peau transformée en plaque rouge sang, douloureuse et brûlante, qui n'en finissait pas de se tuméfier. Il avait dû être rapatrié. Retour en Belgique. Son amour perdu à jamais. Il se sentait encombré de lui-même et traînaillait. Omnitriste, sans goût pour rien.

— Ma décision fut de m'arracher à nouveau et de repartir à l'autre bout du monde, dit-il, regardant encore Minna avec une pointe d'amusement complice, pour préciser qu'il s'était rendu dans la première agence de voyages venue, demandant le billet le moins cher pour le plus loin possible. Et ce fut, pour trois cents dollars, Amsterdam-Chicago, un vol Kuwait Airways, en aller simple, avec un sac à dos comportant cinq slips et autant de paires de chaussettes. Mais les États-Unis étaient un pays trop cher pour les pauvres cinq cents dollars qu'il possédait. Il était prêt à faire tout et n'importe quoi. Saisonnier dans les champs, serveur en patins à roulettes dans un drive-in ou taximan. Il décida de gagner le Mexique. En quête d'une authenticité particulière. En ayant en tête le souvenir du lieutenant Blueberry, qui trouvait souvent satisfaction à traverser le Rio Grande.

— Je fis donc du stop jusqu'à El Paso, en passant par Memphis et Dallas où un policier à chapeau de cow-boy à qui je révélais que je comptais aller au Mexique me dit tout crûment : « *You will die there. Get killed.* »

«J'arrivai à Chihuahua et là commença ma vie solaire. Je rencontrai une jeune anthropologue, Cecilia, qui me viola plus ou moins vu mon indifférence au désir. Ce viol me ranima. Je restai un mois à Chihuahua. Hélas, la ville de Pancho Villa était aussi passionnante qu'un cactus en pot et la belle Cecilia me conseilla d'aller à Guadalajara où je trouverais sans aucun doute un boulot et d'aussi jolies filles qu'elle.

« La suite… C'est que trois jours plus tard – et malgré une entrevue catastrophique dans laquelle j'eus un fou rire devant le coordinateur qui était bègue comme un télégraphe –, je signai un contrat comme professeur de français à l'université de Guadalajara. Un mois plus tard, je rencontrai Liz et ma vie en fut éblouie.

Il marqua de nouveau une pause puis repartit :

— Un jour de novembre, je trouvai sur un marché aux puces un vieux gaufrier qui semblait sorti d'un tableau de Breughel, avec son manche en bois et sa fonte à gros trous. Je me mis à faire des gaufres chasseur le dimanche et à les vendre à la sauvette.

« Devant le succès remporté, je cherchai un local et, six mois plus tard, j'arrêtai de donner des cours pour me lancer dans l'aventure d'un restaurant baptisé *Le Coq à poil* – un nom associé à la Wallonie, à la France, à un certain érotisme et à l'absurde. Liz inventa quelques sauces afin d'élaborer une carte très économique d'une trentaine de crêpes – certaines garnies d'un œillet de chantilly, d'une grêle chocolatée ou de quelques allumettes de coco – et de cinq gaufres différentes – dont la fameuse gaufre fourrée au cactus confit et à la figue. Aujourd'hui, *Le Coq à poil* ne désemplit pas. J'ai engagé des employés et, ma foi, ils s'en sortent assez bien sans moi, qui ne fais plus que superviser la petite entreprise, ce qui me laisse du temps libre, toute la liberté du monde pour lire, vivre, écrire, vaguer à tout et à rien, perdre agréablement mon temps et gagner mes galons dans le partage du plaisir d'exister.

Le lendemain matin, les fillettes nous réveillèrent avec leurs cris de colibris, courant pieds nus dans toute la maison. Après petit déjeuner et toilette, nous passâmes une partie de la journée à sillonner le causse par les chemins de crête. Le pay sage s'offrait de part et d'autre sous une escouade de grands nuages montant à l'horizon, et Liz trouvait des similitudes avec la vue qu'ils avaient des fenêtres de leur maison à Guadalajara, à condition, précisa-t-elle en riant, d'y ajouter en pagaille des cactus en candélabres, de grands agaves, des oponces et des scorpions, une valse de sombreros et de jupes chamarrées sur les chemins, et quelques veuves noires tapies dans les recoins des chambres.

Le soir, ils voulurent nous préparer un repas mexicain, avec des produits qu'ils avaient apportés. Dans le désir de nous recevoir « chez eux chez nous », ils nous concoctèrent en sifflotant un véritable banquet pantagruélique, au cours duquel nous furent servis des enchiladas, des tacos, du guacamole, des tortillas farcies à la viande de chevreau et mijotées dans une sauce chile, un panacho fourré à la purée de haricots, mais encore un pozole au bœuf et aux grains de maïs éclatés, un chili con carne servi sur des *tortillas*, d'étonnantes fajitas de poulet, sans oublier les escamoles, le caviar mexicain aux larves de fourmis récoltées à la racine des agaves – un mets surprenant, qui, passé un moment de répulsion, vous enchante les papilles. Le piment *jalapeño* nous mit la bouche en feu ; en remède à cet incendie-là, il n'y avait que le mezcal qu'Antoine achetait en bidon de cinq litres au village de Tequila, chez un marchand de maïs qui ne vendait jamais un épi.

Liz et Antoine sont de ceux qui se donnent sans réserve et vous emplissent tant ils sont si pleins d'eux-mêmes, débordants de vie, de leur vie palpitante, de leurs appétits, leurs passions. C'est vraiment réconfortant de voir que de tels êtres existent encore au milieu d'un monde mondialisé, de plus en plus déshumanisé, dénaturé à l'extrême, et qui cherche encore à se raviver sur les cendres d'un matérialisme illusoire. Comme le premier soir, après dîner, nous étions revenus nous asseoir près de l'âtre, à la clarté des flammes, dans le cercle propice à toutes les confidences.

— Je ne sais plus, dit Liz, qui a écrit qu'un désir constant est une promesse que l'avenir nous fait. Eh bien, ce désir, pour moi, comme pour la plupart des jeunes filles, c'était de vivre un grand amour. Rencontrer le prince charmant. Connaître le grand coup de foudre. Mais quelquefois, le désir, comme un animal futé et capricieux, passe par des sentiers dérobés, toutes sortes de failles dans la forêt, des pistes imprévisibles. Voilà mon conte de fées, qui ressemble plutôt à une entourloupe de sorcier, avec un prout à la clé.

« C'était le 7 décembre 1996 sur l'esplanade de la FIL, la Foire internationale du livre à Guadalajara. J'étais avec ma sœur Véro et nous avons été accostées dans la foule par un petit blond, gros, bedonnant, sans allure, sans charisme, habillé n'importe comment, et qui nous dit d'une voix molle : « Donnez-moi quelques pièces et tendez-moi votre main, je vous dirai le présent et l'avenir. » Ma sœur lui tendit la main, par curiosité ou simple amusement, et bientôt, ce petit gros bedonnant lui débita beaucoup de choses que seulement elle et moi connaissions ; il alla même jusqu'à lui décrire la petite culotte qu'elle portait ce jour-là ! Ma sœur en fut effrayée, comme si elle croisait le diable. Comment pouvait-il savoir tout cela ? Il répondit qu'il venait de Catemaco (un lieu connu pour ses sorciers). À mon tour, assez épatée, je demandai la lecture de ma main, et il me déclara presque aussitôt que j'allais rencontrer aujourd'hui l'homme de ma vie.

« *Aucune chance !* pensai-je. Deux mois plus tôt, j'étais tombée amoureuse d'un Allemand qui était tombé tout aussi amoureux de moi ; il était rentré au pays pour terminer ses études et devait revenir au printemps pour qu'on se marie. Mais je laissai dire tout en feignant d'être sidérée, et mon petit gros bedonnant précisa que c'était sur cette esplanade que j'allais *le* rencontrer. Il serait beau, grand, et avenant. Un étranger qui me ferait bientôt une demande en mariage, m'emmènerait dans un long voyage, et de qui j'aurais deux filles magnifiques. Rien que de belles choses, comme dans les histoires de princesse. Cela me fit rire ; il sentit ma moquerie et parut offensé : « Que tu me croies ou pas, c'est ton affaire. Je te sers seulement de médium, entre toi et toi-même ; ce que je te dis, c'est toi qui me le fais dire », conclut-il toujours mollement, presque désabusé, partant de côté et faisant un prout, non pas, je crois, par grossièreté manifeste, mais plutôt dans une incontinence naturelle.

« Plus tard dans la journée, je m'étais séparée de ma sœur et, dans la foule, me sentant perdue, j'eus l'impression d'être observée, remarquant alors un gars de mon âge ou presque, jeune, assez grand, avec une forêt noire comme cheveux, qui me fixait, sans que je pusse décider si c'était pour me narguer ou me draguer. Il m'aborda. Échange de quelques paroles sans intérêt. Puis, assez promptement, il déclara avoir une faim de loup et m'invita dans un restaurant proche. Là, sous la table, il ne cessa pas de me faire câlinement du genou.

« Ensuite, on décida de parcourir la foire ensemble et il me prit la main. Ma petite main tout enveloppée dans sa grande main, comme si j'étais déjà, en miniature, toute nue entre ses doigts. Sur l'esplanade, il y avait un concert du groupe brésilien Verde-Amarello. Se penchant vers moi, Antoine me dit quelque chose que je ne compris pas. Je tournai la tête pour lui demander de répéter la question, si tant est qu'il s'agissait bien d'une question, et il me donna un baiser sur la bouche. Dieu de mes ancêtres, quel baiser ! Le meilleur que j'aie jamais reçu de toute ma vie. J'avais l'impression de dériver sur place, de m'envoler dans des espaces galactiques, dans la ronde des neuf planètes, étourdie par la musique des sphères. Au bout d'un moment, je revins de la lune en refusant cette bouche merveilleuse, me rappelant dans un court-circuit coupable mon ami allemand à qui je m'étais promise. Antoine me demanda si je l'aimais, cet Allemand, je répondis que je n'en savais plus rien. «OK», conclut-il pour se remettre à m'embrasser avec une fougue splendide.

«Moins d'un mois plus tard, le 13 décembre, jour où il neigea sur Guadalajara pour la première fois depuis cent ans, Antoine me demanda en mariage et m'emmena pendant toute une saison en voyage de noces. Ainsi s'était réalisée la prédiction de mon petit gros blond bedonnant, lequel avait signé sa prophétie par un prout retentissant.

20

Retour autour d'une poêlée de châtaignes

Le temps revenait sur lui-même au hasard de ses développements, regagnant son point de départ, du moins ce qui avait été pour moi un point de départ, la vie m'apparaissant toujours davantage comme n'étant jamais faite que de commencements. La boucle se bouclait, offrant toute latitude de repartir pour un tour ou de prendre la tangente. Dans un rituel devenu familier, Mehdi avait allumé le feu, créé la première flambée en jetant une branche de genévrier, pour s'affairer ensuite avec un soufflet et tisonner les braises, tandis que Maylis maniait la poêle à trous et que Robert et Bertrand marquaient d'un coup de canif chaque châtaigne d'une encoche en forme de *x*. Et pourtant, la répétition n'était jamais pareille. Depuis la première séance à laquelle j'avais été convié, tant de choses avaient été échangées, dites et contredites, relatées ou exposées comme des passions particulières; le cercle avait engendré d'autres cercles ayant chacun leur propre centre, tels, pour moi, pêle-mêle, la découverte de la cabane dans les arbres de Richard Brars, un amour caché de Julien Gracq, les conférences de la vie, l'écriture et le vin, le dîner dans une maison acquise pour trois fois rien, sans parler des événements à tout le moins pathétiques attachés à une représentation de *La Flûte enchantée.* Tant de souvenirs qui avaient encore dans ma tête presque la consistance du présent.

Lorsque j'arrivai avec Minna, Hubert-Antoine et Liz, tout le monde était déjà là. Outre les membres habituels, Raymond Bach était venu avec Francie et Richard Brars avec sa « Petite Ourse » ; Jean-René avait invité Stan, l'homme de la téléportation, et il y avait aussi Bastien et Nanou, que Bella était allée chercher à la gare, comme dans un épisode précédent. Les uns et les autres, un verre de vin à la main, se retrouvaient ou se découvraient, plaisir des retrouvailles et curiosité pour les visages nouveaux. Des petits groupes se formaient au gré des conversations, puis se défaisaient lestement, et il s'en recréait d'autres en chassé-croisé. Victor regardait Francie, stupéfait, comme devant une apparition. Minna faisait connaissance avec Petite Ourse, puis avec Bella ; Éliane s'entretenait avec le jeune couple de tour-opérateurs, puis Nanou venait vers moi, tandis que Bastien allait vers Stan, intéressé par l'idée d'un transport instantané à travers l'espace. Jean-René et Richard Brars faisaient compliment à Antoine de ses textes sur cartes postales, celui-ci étant étonné et plutôt content d'apprendre que j'en avais donné lecture dans le cercle. Pol-

Émile venait ensuite lui serrer les mains, se déclarant ému de rencontrer *en vrai* un de ces étonnants voyageurs dont il ne finissait pas de lire la littérature. L'atmosphère festive semblait celle d'une cérémonie commémorative ou d'un cocktail, pour lesquels je n'ai d'ordinaire aucun goût. (En court-circuit, l'idée me passa par la tête que si je ne m'étais pas rendu à celui où j'avais rencontré Mehdi, rien de cette aventure circulaire, pour moi, n'aurait eu lieu.)

Mehdi, justement, avait toutes les peines du monde à obtenir que le cercle se formât. Il multipliait les appels gentiment, comme d'habitude sans forcer le ton ; Richard Brars l'entendit et, d'une voix puissante, mit un terme aux conversations dispersées. On se rassembla sur les bancs disposés autour de l'âtre. Le silence se fit, peuplé seulement des craquements et des grésillements du feu.

— Lors de notre dernière réunion, dit Mehdi, nous nous étions demandé comment un lecteur peut devenir écrivain. S'il le devient ou s'il l'est par avance. Le devenant par ambition personnelle ou l'étant par vocation. À condition, bien sûr, d'avoir quelque chose à dire, et d'éprouver une nécessité à l'écrire. Naturellement tout un chacun s'imagine souvent avoir une expérience grande à partager, et son petit ego le porte même à croire que cette expérience est unique. Et sans doute l'est-elle ou devrait-elle toujours l'être. Mais encore faut-il savoir la rendre, et la rendre dans un *dépassement*, à travers toutes sortes de facettes, des jeux de lumière et de perspectives, de façon qu'un lecteur s'y attache et y trouve un profit pour lui-même...

— Une autre question à laquelle nous nous étions attachés, rappela Victor, c'est : un écrivain n'est-il jamais que la somme des livres qu'il a lus ?

Maylis reparla de son neveu qui voulait devenir écrivain et s'interdisait de lire aucun livre pour ne pas être influencé.

— Je crois, dit-elle, qu'il ne voit dans l'aventure littéraire que le côté hypothétique de la célébrité, du succès, d'une réussite spectaculaire assortie d'un brusque afflux d'argent et de passages répétés à la télévision en guise de consécration, comme dans une Star Academy. Ou alors il cherche une manière plus excitante de vivre sa vie quand tout ce que la société lui offre lui revient sans attrait. Ou encore il voudrait exister en tant qu'écrivain au lieu de l'être vraiment.

— Ah ! *La Tentation d'exister*, dit Jean-René, citant le titre de l'un de ses écrivains favoris.

— Vouloir exister, enchaîna Victor, comme s'il y allait d'une expérience personnelle, entraîne le plus souvent d'inévitables frustrations et des souffrances parasites ; on s'expose à la déconvenue quand toujours on désire plus que l'on n'obtient, et que l'on aspire à plus que ne le permet l'aptitude. Dans l'ordre de l'insatisfaction qu'une nouvelle satisfaction obtenue rend insatiable, le succès a un goût assoiffant. L'audace et le talent, l'énergie même qu'un auteur n'a pas dans ses livres, il les emploie et les dépense pour se faire valoir, cherchant sans cesse les feux de la rampe...

— Mon cher neveu, reprit Maylis, n'imagine pas un instant ce que l'écriture implique et même, probablement, ne songe-t-il pas que pour être écrivain, il faut d'abord écrire, jeter des mots sur une feuille blanche, les assembler et les ajuster de façon à construire une première phrase cohérente, qui ait du sens et reflète au mieux ce qu'il voulait dire...

L'odeur brune, chaude et envoûtante des châtaignes commençait à se répandre. À ce signe-là, on les savait rôties à point. Maylis répartit la première poêlée dans des corbeilles qui circulèrent ensuite dans le cercle.

— Autrefois, raconta Éliane, j'ai voulu suivre un atelier d'écriture, pensant trouver là un lieu créatif, un espace de liberté, un plaisir à s'épancher...

— ... et aussi, une possibilité de rencontres, souligna Francie.

— Mais surtout, continua Éliane, je voulais m'initier à ce mystère qu'il y a dans l'acte d'écrire, passer de l'autre côté du miroir.

« Le premier jour, je me suis livrée à l'écriture-vérité où il s'agit de se mettre à nu. Mais plus je voulais être sincère, et moins je l'étais. Car toujours il y a de petites ou de grandes choses que l'on cache ou se cache, et que rien au monde ne pourrait nous contraindre à coucher sur le papier. Écrire « je » était un obstacle, et je compris que je pouvais être plus libre si je m'inventais un personnage ou prenais un masque. Comme si c'était seulement du masque ou sous le masque que pouvait naître l'écriture. En bref, la vie imaginée d'un

Papou m'apparaissait plus aisée à écrire que de m'escrimer à décrypter sans fin mon petit ego.

« Le jour suivant, l'animatrice de l'atelier nous proposa le thème de la rencontre. Je restai un long moment interdite, tel un funambule figé sur son fil, les yeux vides. À brûle-pourpoint, des personnages m'apparurent, d'une réalité plus grande que nature. J'imaginai une intrigue et les mots se mirent à couler, les phrases à s'assembler, les paragraphes à se succéder. Un vrai délire. Une euphorie, comme si j'étais sur un pédalo lancé vers le large. Le temps filait au-dessus des gouffres, et c'est ivre, la tête me tournant et le sol se dérobant sous mes pieds, que je rendis ma copie. L'animatrice me félicita et lut mon texte à voix haute, mais quand, plusieurs jours tard, rentrée chez moi, j'ai relu ce que j'avais pondu, je n'ai pas trouvé cela terrible. C'était plat, sans substance, statique et sans relief, comme une pâte retombée. Il y manquait le piment, l'essentiel, le mouvement même de la vie. Peut-être n'avais-je pas creusé suffisamment profond. En tout cas, le trop-plein de mots et d'images ne palliait en rien le manque de profondeur. J'ai compris que je n'étais en rien un écrivain, et je suis revenue à la lecture, qui offrait une part tout aussi créative. C'était en ouvrant des livres que j'avais commencé à vivre et c'est en continuant de lire que j'élargissais mon petit monde, découvrais des mondes qui n'étaient pas les miens et que je pouvais partager.

Après un silence, Minna confia qu'elle avait tenu pendant des années un journal intime, lequel, en principe, est destiné à ne pas être lu : c'est le gage de la franchise et de la spontanéité.

— Mais, dit-elle, le journal m'a bientôt déçue. Écrire de jour en jour : je me suis levée à telle heure, je suis allée ici ou là, un tel ou une telle sont venus me rendre visite, le ciel était au beau fixe ou chargé de grands nuages d'encre, n'avait rien de bien emballant, et ne faisait que ressortir le côté morne et répétitif de la vie, alors que celle-ci n'était pas vécue de cette manière.

«J'ai pensé alors mon journal tout autrement : comme Éliane, en cherchant à me mettre à nu, dans une naïveté exaltée, et en comprenant progressivement que l'âme est à l'image de l'oignon dont on n'en finit pas de dégager les couches gigognes. C'étaient des épanchements chroniques, une suite d'incontinences, en cherchant à me dégager, à me désentraver d'un fatras confus de choses qui n'étaient pas moi, qui m'avaient été inculquées; des choses qui n'avaient plus cours, des idées périmées, rebattues de génération en génération. L'enjeu était de prendre graduellement présence en soi-même, de s'apprivoiser en somme, de faire sa propre connaissance, en fixant dans les mots des pensées fugitives. Comme si notre propre vie nous échappait constamment, laissait dans la chair et dans l'âme des sédiments, des alluvions légères, des stries, des marques et des meurtrissures et qu'en les notant, les transcrivant, on pouvait en prendre possession ou s'en détacher vraiment. Le journal intime a joué pour moi un rôle de chrysalide; c'était le refuge intime, la cellule monacale, le lieu nécessaire à la métamorphose et le prélude à autre chose.

Je ressentais davantage d'intérêt, d'intensité et de tension intérieure dans le cercle que lorsque nos échanges s'articulaient simplement autour d'un thème ou que les uns et les autres rapportaient leurs lectures du moment. Comme si, chacun en lui-même et tous ensemble dans le collectif, nous étions portés vers les frontières indéfinies d'un espace logé en nous-mêmes, dans un Croissant fertile ou un cabinet d'alchimie, au creuset même de la lecture et de l'écriture, en découvrant entre elles, comme pour la première fois, et pour la première fois avec une telle force d'évidence, de si étranges liaisons. Comme si, dans un sillon étroit, jamais vu, jamais nommé, les mots écrits et les mots lus se mêlaient, se fondaient, pour se reformer, voyelles et consonnes, magie et mouvement, de part et d'autre d'un miroir désormais sans tain. Maylis retirait du feu une nouvelle poêlée de châtaignes grillées, et Mehdi remplissait les verres d'un vin de Marcillac-Vallon au rare cépage de mansoi dont, à chaque gorgée, l'on avait l'impression, et plus que l'impression, que les grains nous étaient broyés en pleine bouche.

Hubert-Antoine avait pris la parole. Dans un esprit proche de celui qui avait finalement animé Minna dans son journal intime, il s'était d'abord lancé dans la correspondance tous azimuts, qui, elle, était destinée à être lue. En véritable épistolier enfiévré, forcené, il expédiait aux quatre coins de la planète des lettres qui allèrent jusqu'à compter huit ou dix pages, d'une écriture serrée, et relevées parfois d'éléments de variété, de hiéroglyphes étranges ou de caricatures.

— Les lettres, dit-il, furent mon ouverture au monde, une façon de me dépiéger, de me déloger de ma propre carcasse et de forcer le passage, en lançant des cerfs-volants dans les airs, des bouteilles à la mer, tel un naufragé déguenillé sur l'île déserte de sa propre solitude. Le pli, c'était la possibilité de l'audace, toute latitude offerte à la plus folle spontanéité, en donnant une version de moi tout à fait différente de ce que je pouvais paraître et en désirant toujours plus de profondeur sous l'apparence de parade. Les mots possédaient un courage de rideau de théâtre. Le facteur bonhomme ou la délicieuse factrice étaient des anges dont je guettais l'arrivée avec un battement de cœur plus ample, impatient de recevoir des échos, des réponses ou des ripostes, et d'entrer en résonance avec mes destinataires lointains. Je pense que la correspondance m'a exercé, comme rien au monde, à sortir de l'intérieur des envolées d'oiseaux, dans lesquelles je me surprenais moi-même. Je m'étonnais d'avoir su et pu dire mieux que ce que je pensais.

« De fil en aiguille, de miroir en paysage, je peuplais le papier de personnages, d'histoires, de pensées, de troubles, de peurs paniques, d'onirologies, de traits d'enthousiasme. J'inventais en brodant sur un fond de vérité, en partant toujours d'un événement réel ou d'une émeute des sens, en les exagérant, les agrémentant pour les rendre plus vivants, et en évitant, autant que faire se peut, de me gargariser de mes propres mots et de mes propres émotions. De là à rendre universels ces élans, c'était une autre gageure. Entendons-nous bien, souligna-t-il, universels, dans mon esprit, cela veut juste dire impersonnels.

Ce dernier trait plut particulièrement à Jean-René dont je remarquai qu'il hochait la tête en guise d'acquiescement.

— Tout à l'heure, intervint Bella, Éliane a dit quelque chose qui m'a beaucoup plu : que sa vie n'avait vraiment commencé qu'à partir du moment où elle s'était aventurée dans les livres...

— C'est sans doute vrai pour la plupart d'entre nous, releva Maylis.

— Pour moi, dit Bastien, lire, c'est d'abord se délivrer, se libérer du connu, se dépêtrer de tout, et s'échapper grandeur nature de l'existence étroite à laquelle la société vous destine...

— ... en prenant sensiblement conscience d'exister en propre, d'être en vie dans cette vie..., surenchérit Bella. Mais pour toi, ajouta-t-elle, s'adressant à Hubert-Antoine, quelle a été l'importance de la lecture ?

— Des livres, répondit-il, il y en avait partout dans la maison. Pas de télévision, juste des murs de livres dans un labyrinthe. Les premiers qui me passionnèrent vraiment, moi qui n'ai en rien un esprit guerrier, ce furent curieusement des récits de guerre dans lesquels les tragédies sont plus intenses et les passions plus foudroyantes, et qui offraient la possibilité d'être un héros, le héros de sa propre vie, dans un travelling avant d'audace et d'aventure. Mais d'abord, il y eut les mots. Les mots sonores qui s'échappaient des lèvres de mes proches, ceux qui accompagnaient les images dans des albums à carton dur, ou que je trouvais dans les phylactères de mes bandes dessinées, et ceux qui constituaient les mêmes histoires que mon père, de sa voix grave et paisible, nous lisait ou nous inventait au bord du lit, dans la chambre dont il laissait toujours la porte entrouverte, dans une perspective d'évasion...

« Mon grand-père paternel possédait une très belle machine à écrire, au clavier tout à fait particulier, et je pense que c'est la beauté de cette machine à écrire avec ses touches rondes, élégantes, qui ressemblaient à des cerises en or sur les tentacules d'un poulpe noir, qui m'inspira, en tapant à deux doigts, mon premier texte un tant soit peu personnel, une imitation d'un journal parlé imaginaire ; je devais avoir huit ou neuf ans.

« Plus tard, au temps du collège, on nous emmena à une représentation théâtrale, et ce fut pour moi un éblouissement, le rideau levé sur un monde magique. L'intrigue, les dialogues, les apartés, les costumes, les décors et les lumières me transformaient en un autre moi, dans un autre monde, une autre époque.

— Ajoutez-y la musique et vous avez l'opéra, dit Victor, l'air tout égayé.

— J'aimais surtout les répliques parfaites, poursuivit Hubert-Antoine, le verbe, la mélodie des mots, le vers rimé de Racine ou de Corneille. La poésie me semblait une éducation fort différente. Une approche du monde par la fluidité, la danse, l'humeur vagabonde, et même une sorte de lévitation. Je me mis à tout lire, les *Contemplations* de Victor Hugo, les bijoux sonores de Baudelaire, les voyelles de Rimbaud, en passant par la machine à coudre de Lautréamont et le collier du chien Bob qui tinte dans *Les Amours jaunes*. Leurs mots étaient aimantés ; ils m'hypnotisaient, tels de subtils jeux de lumière dans des cristaux d'améthyste, me fascinaient comme des amulettes ou des verroteries étranges.

— Je ne sais plus dans quel ouvrage, dit Mehdi, regardant brièvement vers moi, on rencontre un personnage dont la passion est de collectionner les mots. Pour lui, le mot, c'est la matière qui nous a traversés. Une gousse sonore chargée des signes et des saveurs de la chose qu'il désigne et distingue. C'est cette chose, à force de la côtoyer, la respirer, l'observer, la déguster, la palper, l'utiliser... qui perd sa matérialité en nous-mêmes, se recompose sous la peau, se recrée comme une essence volatile, une substance transmuée en syllabes. Le mot n'est pas l'être ni la chose mais son émanation, et pour tout dire son âme. C'est l'image réfléchie au travers de nos sens d'un pot, d'une table ou d'un couteau, qui redeviennent dans le langage un pot qui peut contenir, une table sur laquelle partager un repas et un couteau qui coupe...

Hubert-Antoine regarda Mehdi tout étourdi, comme si cette repartie lui ouvrait d'autres perspectives, d'autres entendements, des motifs de réflexion à se rappeler par la suite.

— L'adolescence était un tunnel, reprit-il. Il fallait une lumière, une expression, des plans lancés sur la comète et des modèles. À seize ans, j'avais des poètes préférés. De nouveaux pères. Des héros auxquels j'aurais voulu ressembler, qui se baladaient de par le monde, y faisaient des rencontres, y avaient des amours, éprouvant tantôt des bouffées de bonheur, tantôt des bouffées de néant. Leurs livres me transfiguraient la cervelle, et, en me donnant à voir le monde sous un angle différent de l'horizontalité, renversaient ma perception de la profondeur, la retroussaient. Le miracle était toujours dans un style décalé. J'écrivais mes premiers poèmes, des petites histoires qui tournaient court, des brefs récits sans queue ni tête, que je ne montrais à personne.

« L'imagination est la matrice et le désir s'entretient avec le doute et la douleur. Mais mon imagination tournait à vide et mes poèmes s'en ressentaient. Je n'en finissais pas de jouer avec les mots, sans que s'en dégage jamais aucun sens. L'ambition était de se servir des mots pour décrire un univers devenu chaque fois familier, tout en laissant aux mots la liberté d'ourdir leurs propres images insolites et d'exprimer ainsi par là la saveur de ce qui, quoi qu'on fasse, reste insaisissable. Mais voilà : la chose à dire me faisait défaut. La nécessité même. Il y manquait le vécu, l'aventure, l'expérience au risque de la nouveauté, la preuve d'une santé insolente, et un engrangement d'images, de visages, d'événements dans la mémoire qui refilerait ensuite ses trésors à l'imagination, laquelle en ferait son profit, comme dans un cabinet d'alchimie.

— Le phénomène de cristallisation dont parle Stendhal, dit Robert.

— Ou la distillerie clandestine d'un Delteil, dit Bertrand.

— J'étais jeune, reprit Hubert-Antoine, et, je ne le savais pas encore, mais la perspective d'une vie aventureuse possédait un goût enivrant. Il fallait en finir avec le piétinement et la stagnation. La ronde dans le périmètre de ma chambre et les cercles vicieux sous les vertèbres cervicales. Relever le défi d'une plongée dans l'inconnu. S'extraire physiquement ! Larguer les amarres, monter les voiles intérieures ! Le problème n'était pas de gagner l'Amérique du Sud, continua-t-il sous le regard captivé de Pol-Émile, mais de quitter ma ville natale en Belgique, parce que ailleurs tout allait s'arranger. C'est seulement en étant dans telle ou telle situation, et non plus en la regardant ou la rêvant de l'extérieur, que les possibilités de s'en sortir nous apparaissent et que nos ressources particulières se révèlent à nous. Je m'étais lancé dans un périple de hasard, sans a priori, selon les occasions et l'humeur vagabonde du moment, qui allait me conduire au Mexique, avec Guadalajara comme point d'ancrage. Quand le vécu s'alcoolisait en moi, j'expédiais des messages tant personnels qu'impersonnels, sur des cartes postales ou des papiers de fortune, cartons de brasserie ou lettres à en-tête d'un hôtel, en inventant des métaphores, ou plutôt en laissant ces métaphores monter en travers de moi; ce furent les premiers textes pour lesquels je pouvais éprouver une sorte de contentement.

« En fait, conclut-il, il n'y a pas vraiment de passage de la lecture à l'écriture, comme une traversée ou un cheminement. Il y a une logique. Les yeux sur les mots entraînent la cavalcade des doigts sur le clavier. Si tous les livres lus sont autant d'échappees belles sur les routes du monde, écrire, c'est s'inventer des chemins vierges.

Il y eut un silence, les uns et les autres se regardant, et la séance fut levée, comme si, l'heure étant de surcroît bien avancée, nous étions parvenus à un point limite que l'on ne pouvait dépasser ce soir-là, mais qui constituerait assurément un bon point de départ à la prochaine réunion du cercle.

Sur la route du retour, alors que les phares débusquaient à longs coups de pinceau des arbres, des murets, des clôtures sur la toile noire de la nuit, Antoine et Liz, assis à l'arrière de la voiture, exaltés, formaient le projet de créer à Guadalajara, dans le local du *Coq à poil*, un cercle semblable de lecteurs. Liz pensait déjà à ce que l'on servirait : crêpes, empanadas ou beignets de cactus, en variant les sauces et en en inventant d'autres, le tout bien arrosé de pulque et tequila. Quant à Antoine, qui avait été vivement impressionné par Mehdi, il rappela ce qu'il avait dit : que le mot, c'est l'émanation de l'être ou de la chose, et pour tout dire son âme. « Toujours, dit-il, on en revient aux mots. »

— À condition, dit Minna, de ne pas les retirer du langage, de ne pas sortir du courant les choses qui nous fascinent au fil de la vie, et de ne jamais chercher à disséquer ou décrypter le mystère ou l'absence de mystère qu'il y a dans l'existence même.

Elle se tut à l'instant où elle s'engageait dans un virage serré, puis raconta :

— Au bout du jardin de mon enfance, il y avait une rivière. Les cailloux chatoyants au fond du courant me fascinaient : leurs formes fluides, leurs couleurs indéfinies. Un jour, j'ai retiré des cailloux et les ai posés sur l'herbe de la berge. En séchant au soleil, ils devenaient ternes, terreux, avaient perdu leur caractère enchanté. Et pourtant, il suffisait de les rendre à la rivière, de les rentrer dans le courant pour qu'ils recouvrent instantanément leur magie.

Livres cités au gré des pages

Jacques Carlot, *Trente jours, j'avais, j'étais.*
Hermann de Keyserling, *Journal de voyage d'un philosophe.*
Élie Faure, *La Danse sur le feu et l'eau.*
Spinoza, *L'Éthique.*
Maurice Chappaz, *La Haute Route.*
Gustave Roud, *Petit traité de la marche en plaine.*
Maurice Maeterlinck, *La Sagesse et la Destinée.*
Gilles Deleuze, *L'Abécédaire, Les Pourparlers.*
E. E. Cummings, les *Inconférences.*
Albert Cossery, *Les Fainéants dans la vallée fertile.*
Hermann Hesse, *Le Jeu des perles de verre.*
Michel de Ghelderode, *La Balade du Grand Macabre.*
Bruno Schulz, *Le Sanatorium au croque-mort.*
Miguel de Unamuno, *Le Sentiment tragique de la vie.*
Friedrich Nietzsche, *Le Gai Savoir.*
Fedor Dostoïevski, *L'Idiot, Les Possédés.*
Gary Snyder, *Le Retour des tribus, Le Chant des lacs et des rivières.*
Thomas Bernhard, *Maîtres anciens, Le Neveu de Wittgenstein.*
Thomas Hardy, *Loin de la foule déchaînée.*

John Cowper Powys, *Les Enchantements de Glastonbury*, *Apologie des sens.*
D. H. Lawrence, *La Verge d'Aaron.*
Jean-Jacques Rousseau, *Les Rêveries du promeneur solitaire.*
Emil Cioran, *Précis de décomposition.*
Samuel Beckett, *Fin de partie.*
Anton Tchekhov, *Ce fou de Platonov.*
Rabelais, *Pantagruel.*
Doris Lessing, *Les Enfants de la violence*
Jean Giono, *Un roi sans divertissement*
Homère, *L'Odyssée.*
Hérodote, *Histoires.*
Horace, *Odes.*
Eschyle, *L'orestie.*
Virgile, *L'Énéide.*
Les Cent Nouvelles nouvelles.
Marguerite de Navarre, *Heptaméron.*
Rabelais, *Pantagruel.*
Tallemant des Réaux, *Historiettes.*
Henry Miller, *Le Colosse de Maroussi.*
Ernst Jünger, *Chasses subtiles*, *Le Contemplateur solitaire.*
Walt Whitman, *Feuilles d'herbe.*
Gabriel García Márquez, *Cent ans de solitude.*
Miguel Ángel Asturias, *Le Pape vert.*
Jorge Amado, *Dona Flor et ses deux maris*, *Bahia de tous les saints.*
José Donoso, *L'Oiseau obscène de la nuit.*
Søren Kierkegaard, *Journal d'un séducteur*, *Le Concept de l'angoisse.*
La Bible, Genèse.
Lucien de Samosate, *Histoire véritable.*
Cyrano de Bergerac *L'Histoire comique des estats et empires de la Lune.*

Restif de la Bretonne, *La Découverte australe par un homme-volant.*
La Navigation de saint Brendan à la recherche du paradis.
Voltaire, *Candide, Micromégas.*
Wells, *La Machine à remonter le temps, L'Homme invisible.*
Mary Shelley, *Frankenstein.*
Villiers de l'Isle-Adam, *L'Ève future.*
J. H. Rosny Aîné, *La Guerre du feu, Les Navigateurs de l'infini.*
Lovecraft, *Démons et Merveilles.*
Frank Herbert, *Dune.*
Julien Gracq, *Les Eaux étroites.*
John Muir, *Expédition en Alaska.*
Giles Milton, *Captifs en Barbarie.*
Evelyn Waugh, *Les Bagages enregistrés.*
John James Audubon, *Journal du Missouri.*
Christian Bader, *Les Guerriers nus.*
Aldous Huxley, *Le Tour du monde d'un sceptique.*
Jacques-Antoine de Moerenhout, *Voyages aux îles du Grand Océan.*
Halldór Laxness, *Le Paradis retrouvé.*
Ella Maillart, *Des Monts célestes aux sables rouges, Oasis interdites.*
Marcel Proust, *À la recherche du temps perdu.*
Mario Vargas Llosa, *La Tante et le Scribouillard.*
Brantôme, *Les Dames galantes.*
Jules Verne, *Le Tour du monde en quatre-vingts jours.*
Octavio Paz, *Le Labyrinthe de la solitude.*
Honoré de Balzac, *Illusions perdues, Louis Lambert, Séraphitâ.*
Yasunari Kawabata, *Pays de neige.*
William Faulkner, *Les Palmiers sauvages.*
Jack Kerouac, *Sur la route.*
Carlos Castaneda, *Les Enseignements d'un sorcier Yaqui.*

Arthur Rimbaud, *Poésies complètes.*
Christian Dotremont, *La Pierre et l'Oreiller.*
Boccace, *Le Conte du cuveau.*
Knut Hamsun, *Mystères.*
Charles Fourier, *Le Phalanstère.*
Thomas More, *Utopie.*
John Cage, *Silence, Pour les oiseaux.*
Érasme, *Éloge de la folie.*
Franz Kafka, *Journal.*
Victor Hugo, *Les Travailleurs de la mer, Les Contemplations.*
Lautréamont, *Les Chants de Maldoror.*
Tristan Corbière, *Les Amours jaunes.*
Joseph Delteil, *La Deltheillerie.*
Emil Cioran, *La Tentation d'exister.*
Hubert Antoine, *Introduction à tout autre chose.*

Mets dégustés

Poêlée de châtaignes.
Cervelas, andouilles, rillettes d'oie, hure de sanglier, gigot à l'aillade, fressures et fricandeaux, hochepot, carbonnades.
Poularde en demi-deuil.
Carpe farcie.
Tablier de sapeur et sauce gribiche.
Cervelle de canut.
Quenelles, grattons, gratin de cardons.
Fagot de couennes grillées en « pigeons ficelés ».
Clapotons en pieds de mouton entremêlés de tranches de foie fricassées aux herbes.
Tartes diverses, tiramisu, quatre-quarts au chocolat, cramique, feuilleté aux poires

Flammiche aux poireaux. Pain aux olives. Chips de vitelottes.
Couscous tunisien au collier d'agneau.
Crêpes fourrées aux cèpes, au mignon de porc en lamelles et au gingembre, au poulet et aux endives braisées, ou encore fourrées au fromage et aux échalotes, au boudin noir et aux pommes confites.
Gigot de chevreau et navets glacés au sucre et fèves relevées de feuilles de sauge.
Omelette aux girolles avec coulis de tomates aux olives noires et à l'ail de Lautrec.
Riz complet aux légumes et au tamari.
Croquants, calissons et navettes à la fleur d'oranger.
Oie rôtie au chou rouge et aux pommes à cidre.
Enchiladas, tacos, guacamole. Tortillas farcies au chevreau et mijotées dans une sauce chile. Panacho fourré à la purée de haricots. Pozole au bœuf et aux grains de maïs éclatés, fajitas et caviar mexicain aux escamoles.

Vins du Fel, d'Entraygues et d'Estaing, de Marcillac-Vallon, d'Arbois et de Chablis, de Saint-Joseph et du Médoc, des coteaux du Layon.

Table

3. LES MATINS DU MONDE

Les Aubes sauvages (Seghers)
Les Aubes enchantées (Seghers)
Les Naissances de la femme (Seghers, Le Grand Livre du mois)
Le Chant de soi-même (Julliard)
Le Feu sacré (Julliard)
La Symphonie des eaux (en préparation)
Recours à la danse païenne (en préparation)

4. LES ESSAIS D'OUVERTURE

Livret pour les temps présents (Le Relié)
La Littérature prend le maquis (Sens & Tonka)
L'Amour sur parole (La Maisnie Trédaniel)
Retour émerveillé au monde (Fayard, Mille et Une Nuits)
La Reconquête du présent par 44 portes ouvertes (en préparation)
Une religion de l'évidence (en projet)
Abécédaire du bonheur insensé (en projet)

5. LA VIE PERSONNELLE

Celui qui oublie où conduit le chemin (Robert Laffont)
Le Ravissement (Robert Laffont)
Histoires du plaisir d'exister (Julliard, Pocket)
Petite tribu de femmes (Julliard, Pocket, Le Grand Livre du mois)
Un camp retranché en France (Julliard, À vue d'œil)
Strogoff (en préparation)

Peintures et pictogrammes

Premiers émois (Le Pré aux sources)
Recours aux couleurs (Le Grand Miroir)
Noir profond (Calligramme)
D'or et d'ombre (Sens & Tonka)
Une nouvelle constellation (Andromede Ldt)
La Mesure du monde (en projet)

Site Web :
www.jean-pierre-otte.com

La photocomposition de cet ouvrage
a été réalisée par
GRAPHIC HAINAUT
59163 Condé-sur-l'Escaut

Cet ouvrage a été imprimé en France par

CPI
BUSSIÈRE

à Saint-Amand-Montrond (Cher)
en mars 2011

N° d'édition : 51718/02 – N° d'impression : 111002/1
Dépôt légal : mars 2011